寸进

人人可学的曾国藩

侯小强 著

陕西新华出版
太白文艺出版社

果麦文化 出品

自序

从第一次知道曾国藩到现在已经三十多年了。

第一次知道曾国藩，是在初中一年级，有一本课外书说曾国藩喜欢玩文字游戏，把"屡战屡败"改为"屡败屡战"。那时候我真觉得这就是一个文字游戏，因此就对曾国藩产生了很多不屑。我当时还摇头晃脑地背会了左宗棠那句嘲笑他的对联：藩臣徒误国，问他经济有何曾？

到了20世纪90年代，大家又觉得曾国藩特别善于做官，他一下子又成了善用权谋的官场老油条。

随着短视频的崛起，我有时候会刷到一些与曾国藩相关的视频，对他的兴趣渐增。与此同时，我也把曾国藩的作品、传记看了多遍，并查阅了更丰富的资料，渐渐对他有了好感，发现他是一个非常立体的人，之前对他的刻板印象有所改观。

到今年，我自己创业也有七八年的时间了。在创业的过程当中，有过高光时刻，也有过至暗时刻。尤其在至暗时刻，在最难熬的时间里面，我对自己提出一个要求，除了工作和生活之外，还需要花时间去学习。那到底学习什么呢？因为平常有看书的习惯，我就想借此机会专注一些，把一件事儿给了解透，所以就想我到底应该去看什么。看《道德经》《史记》《资治通鉴》，还是王阳明、曾国藩？反复地做了比较之后，我决定从曾国藩入手。

之所以选择曾国藩，有三个原因。第一，曾国藩的起点非常低，普通的家庭、普通的智力、普通的性格，绝非你想象中的"天选之子"，这一点跟很多人都很像。第二，曾国藩一生当中遇到的拂逆之多远超他人，上天并没有因为他的普通而给他一手好牌，反而给了他一个极具动荡性的周期环境。而经历过周期的人才能谈成功，只在短暂的时间里获得的成功有可能只是搭了一个便车。第三，曾国藩创建了自己的成功模式，而这成功模式理论上可以被所有人效仿。事实上，我们遇到的绝大多数问题，曾国藩都遇到并回答过。后世很多同样背景的人也是在学习曾国藩的路上有所成就的。

曾国藩成功地找到了自己的辨识度，成为中国最重要的IP之一。他走出了自己的舒适区，几乎主动地跑到了他的恐慌区，接受现状，从文臣变成统帅，在经历了众多的失败后取得了根本性的成功。

曾国藩几乎以一己之力自筹经费打造了历史上最成功的团队之一——湘军，他打造湘军的模式本质上和经营企业并无区别，把他理解成一位杰出的民营企业家并无不妥。曾国藩还是一位成功的父亲，他亲手培养了晚清最重要的外交家和数学家。

他也是一个成功的兄长，他为弟弟曾国荃写的十三首诗充满真情。曾国藩也是中国近代化的第一人，中国电报业、工矿业、铁路业等的先驱全部来自由曾国藩和李鸿章联名上奏后派出的一百二十位留美幼童。

他是接近儒家理想的圣人，也是会深夜痛哭的凡人。他出身平凡，却完成草根逆袭，位极人臣；他资质平平，却建功立业，一生戎马；他性格保守，却能领兵攻城，一次次突破自己的舒适圈。他的成功，是无数次失败堆叠而成的英雄冢；他的立业，是无数次在日记里拷问自己，同自己意志搏斗的八角笼。他像是一块普通得不能再普通的石头，硬生生地被自己雕琢成了一尊神像。

在过去六个多月的时间里，我开始系统地读曾国藩的全集，开始读各个版本的传记，开始一遍遍背诵曾国藩的语录——人到中年后记性不佳，常常背会的又忘记了，需要周而复始地背诵。在阅读曾国藩的日日夜夜里，我真的是无数次地为他流泪，无数次地找到动力，然后无数次随着他进入人生蕴含各种况味的境遇当中，我几乎无法想象有一天我会隔着一百五十年时间的河流与曾国藩产生共鸣。我相信，曾国藩的一生，对每个人都会有帮助。在徐徐展开的人生蓝图中，也许你也会在人生的某个关键节点想起他的故事。如果足够幸运，他会与你相遇。

佛教里讲顿悟和渐悟。曾国藩不是顿悟派，他的一生是一寸寸走出来的，一点点悟出来的，一仗仗打出来的。他的人生平实，并不玄妙。每个人在陷入人生困境的时候都可以拿曾国藩这面镜子来观照自己。尤其在快节奏的当下，我们习惯于把成功比拟为高歌猛进，猛龙过江；我们很容易被人牵着鼻子走，步伐凌乱，衣衫褴褛。但往往最简单、最渺小的进步，才是促成成功的关键。曾国藩做事很慢，他的成功，经历了一个极其漫长的周期，他的寸进人生不啻给我们的当头棒喝。

　　曾国藩的故事，便是芸芸众生的故事，就是我们每一个人的故事，百余年后，仍然激励着那些平凡而不甘于平庸的人，模仿他，追随他，成为他。

目 录

第一章
处世：艰难环境中的生存法则

忍辱负重，曾国藩抗压力养成史　　003

屡战屡败，屡败屡战，逆境中的崛起　　010

悔字如春，成长从反省开始　　020

高朋满座，良将如云，情商是尘世的修行　　029

钝感力的养成：倨傲天才早夭折，稳笨"蠢材"行万里　　038

没钱谁都难，曾国藩是怎么筹到巨额资金的？　　045

跳出舒适圈，为什么只有曾国藩做成了湘军？　　054

人生三境界：少不得顺，中不得闲，老不得逆　　060

第二章

进取：靠谱人生的重要智慧

向上管理：曾国藩是怎样拿捏咸丰帝的？　　069
最近犯小人？曾国藩手把手教你四招　　077
拒绝无效社交，打造优质朋友圈　　086
穷则思变，用理性的思考缓解焦虑　　096
下属养成：曾国藩的"得意门生"李鸿章　　103
和而不同：曾国藩全力支持左宗棠西征　　111
向"躺平"Say No，"卷王"曾国藩喊你学习　　119
当个"坏学生"，不守规矩，不越红线　　128

第三章

天命：找到自己的终极定位

从曾国藩身上理解运气守恒	137
练好"浑"字功法，学做黑白之间的"小灰灰"	145
规模远大与综理密微：大处着眼，小处着手	153
成为领导者：轻财，律己，量宽，身先	160
养生修心两手抓：自我疗愈之王曾国藩	166
龙场悟道：拎清自己的三重身份	174
曾国藩的"大能量观"	182
强恕：曾国藩的心灵必修课	190

附录一

日课十二条：立下属于自己的军规　　　　　　　　199

附录二

六戒：为你的人生保驾护航　　　　　　　　　　　205

第一章

处世

◆

艰难环境中的生存法则

忍辱负重，曾国藩抗压力养成史

有一天，我在朋友圈看见职场小朋友发了条这样的文案："上班后说得最多的一个字儿，烦！"下面评论区怨声载道，又是抱怨加班费太少，月底KPI没达标，又是抱怨调休打乱了计划，估摸着不少朋友深有同感。初入职场，时常会感觉各项工作难以兼顾，压力巨大。这时候，培养抗压能力就成了打工人的必修课之一。今天就来说说曾国藩的抗压力养成史。

每个人都是从学生时代走过来的，曾国藩也不例外。在考学的时候，曾国藩就表现出了异于常人的抗压力。客观地说，曾国藩并不是块读书的料，据他自己讲："吾曾氏由衡阳至湘乡，五六百载，曾无人与于科目秀才之列。"这老曾家门，顺着族谱往上数几百年，都没一个中秀才的，从遗传学上，可以说没啥文化细胞。

事实也的确印证了这一点，曾国藩和他爹曾麟书上阵父子兵，一块参加考试，从十四岁开始考秀才，连考六次都没中。特别是第六次，他爹曾麟书都考中了（考了十七次），他又落榜了。这还不算啥，因为这第六次，他的卷子被考官单独拿出来，因"文理不通"被当反面典型批评,着实够惨。

这次之后,曾国藩给自己上压力了,且在压力之下开窍了。第二年,他还真考上了。经过这七次考试,曾国藩的心性得到了极大的锻炼,后面再考举人、进士的时候,虽有波折,但起码算是混出了学历。

我们再看情况差不多的洪秀全。洪秀全在第四次院试落榜后,脑子一热,半夜一掀被子坐起来,认为自己是当上帝的料!于是大老远从广西跑到广州,表示要皈依教会。人家神父听了半天,觉得不对劲儿,以"信仰动机不纯"为理由拒绝了。洪秀全一听,面子挂不住了,心想敢情以前看的那本《劝世良言》是本盗版书啊!于是,在重压之下,直接晋升仙班,成为一名"天父"。

相比之下,这就体现出了曾国藩的优点:有韧性,有耐性,承认自己是个笨学生。

后来,曾国藩是这么说的:"余……小考七次始售。然每次不进,未尝敢出一怨言,但深愧自己试场之诗文太丑而已。至今思之,如芒在背。"

这学生时代算是熬过去了,曾国藩也如愿成了一名实习公务员,可工作后的生活却并不那么尽如人意。月亮仍高悬在头顶,又被六便士压垮了。前面不是提到了吗?和父亲赶考这几年,耗费了不少银两,家里经济水平堪忧。

跟现代很多年轻人的处境一样,一个人在外地打拼,刚开始实习期工资少，一个月除去房租水电下来基本"月光"，又不好意思问家里要，只能撸点"花呗""京东白条"之类。可那时候没正规平台啊，都是私人钱庄办的，况且曾国藩还在实习期，朝廷根本不发工资。曾国藩病急乱投医，一不小心就撸了"黑网贷"。

原本啊，熬到转正，每月到手的俸禄是能填补的，但发生了一件事儿。啥事儿呢？说出来我都觉得惨，好不容易转正，又被开除了。

从上面小曾天资驽钝这事儿大家不难分析出，曾国藩开窍晚，性子不服软，家里也没啥人脉，自然容易成为职场霸凌的对象。

同一批的实习生早就转正了，曾国藩因为没后台，是最后一批送中央考核的，按照正常发展，这不就苦尽甘来了吗？事实恰恰相反，不管哪个朝代的官场，官员为了敛财，都热衷于举办酒宴，大到纳妾生子，小如乔迁过寿，光是这份子钱，就是一笔巨额支出。曾国藩没辙啊，是真穷啊，就写了一张大字报，贴在翰林院的大门上，说他兜里没钱，以后凡是各种酒宴，不要叫他了，叫他也不去。

这下性质就变了，成了搞特殊，好像大家都乌烟瘴气，就你一人清白。上司也觉得这小伙子不会来事儿，不太适合在官场混，直接打了报告上报朝廷。道光帝估计看也没仔细看，直接俩字：开除。上司后来可能也觉得有点过分，就给曾国藩留职察看了。啥意思？活儿照干，钱一分没有。

负债失业，这无异于雪上加霜，于是曾国藩开始了战战兢兢的躲债岁月。年三十儿躲在出租屋里裹着薄被，听着外面砸门声和爆竹声齐鸣，冷清凄惨。要是当时信息发达，我估摸着他都得在"湘亲相爱一家人"群里被长辈愤然批斗后移出群聊。

一个进士，而且是一名翰林，将来要当大官的料，欠高利贷，被一群下九流的生意人堵在家门口，说出去，那是真丢人！

曾国藩就这样熬过了这段难以启齿的时光，遇到了自己的恩师——军机大臣穆彰阿，才得以重新起用，被升授为翰林院的五品侍讲，连升四级后，被朝廷委派组织地方考试。一顿操作之后，曾国藩能还清高利贷了，还住上了四合院，也请得起家丁了。

后来，曾国藩也受了恩师不少指点，一路加官晋爵，成了朝廷核心人物。但后来他师父比较惨，朝廷中他扶持的党羽众多，小咸丰不喜欢老油子，一上台就把他扳倒了。

倘若曾国藩被职场霸凌后选择撂担子开摆，欠高利贷后选择以贷养贷，那么我相信也不会有后来的知遇之恩，毕竟生活远不止眼前的苟且，还有未来的苟且。

身居高位的曾国藩，自然要面临更大的压力，兼任五部侍郎，一生的高潮也即将开幕——和太平军干仗环节。

对付太平天国的这飘摇十年，可谓清王朝统治最摇摇欲坠的十年。太平天国彻彻底底反帝反封建，同清王朝势同水火，不管是阶级立场上,还是宗教信仰上,抑或是文化圈层上,两者都存在着天壤之别。通俗点讲,他们互相视对方为精神病,一见面那就必然开干。

而且,清末的国家局面不同于鼎盛的康雍时期。我们说时势造英雄,乱世出人才。国家强盛时期,就算打了败仗,后果尚可承受;而危难之际,打了败仗的代价,可能就是致命的。

所以,为了在这场拼杀中站到最后,朝廷军队和太平军在战斗风格和对待战俘问题上,做到了相同的毒辣,凌迟几乎成了标配。

1854年4月,太平天国势头正盛,而湘勇尚未成军,咸丰却日夜催促。曾大帅一度高冷回绝,后来咸丰所下圣旨一次比一次激动。看着眼前的新兵蛋子,曾大帅被逼无奈,只好赶鸭子上架。由于情报错误,曾帅误以为敌营空虚,临时改变作战计划,在靖港中了太平军的埋伏。

江面上的湘勇一触即溃,曾帅无惧惨象,从容立于桥头疾呼:"过旗者斩!"而湘勇纷纷绕过旗杆四散奔逃,只留大帅一人摇旗呐喊。这段描写或有润色,但能够确定的是,大帅见自己亲手培养的湘勇,和混吃等死的八旗绿营也没啥区别,于是羞愤交加,两眼一闭,纵身跳进湘江。

这一时期的将领压力都特别大,兵败自尽是不可违抗的历史潮流,安徽巡抚江忠源和湖广总督吴文镕都是如此,与其做血腥太平军的俘虏,受朝廷的处分,葬送家族的命运,不如一死了之。身边的章寿麟看出曾大帅脸色不对了,一直关注着曾大帅的一举一动。不巧,大帅这位抗压王中王还是"决堤"了,好在章寿麟是个靠谱队友,帮他捡回来一条命。

曾国藩醒来后,衣服还是湿的,依然挣扎起来想要求死,在长沙城南高峰寺暂居,起草遗书,要不是塔齐布、彭玉麟等率湘军主力打下了湘潭城,变相解了靖港之围,我们的曾大帅可能真就无颜面对湖南父老,一命呜呼了。

后来,也正应了那句话:杀不死你的,只会让你变得更加强大。往后湘军算是开始走了上坡路,虽和太平军仍有胜负,但总体向好。曾大帅也在一次次的战事失利中吸取教训,不断调整作战思路,最终打造了一支王牌军队。

其实,在曾国藩的成长过程中,遭遇的困难和压力远不止上述这些,但就是这样一位天资驽钝、出身平平、一生充满挫折的穷书生却在中国历史上留下了名号。曾国藩用他的一生实实在在给我们上了一课:关关难过关关过,月亮高高挂,希望在眼前。

曾国藩在面对失败的时候,更关心的始终是能否持续提高自己。他所拥有的是成长型思维。《终身成长》中写道:"在固定型思维模式中,一个人被失败击垮可能会是永久性的创伤,不会从失败中学习并纠正自己的失败,相反,他们可能只是去尝试着修复自尊。比如,他们会去找比自己还差的人或者责备他人、找借口。即使对具有成长性思维的人来说,失败也是一个痛苦的经历,但它并不能对你下定义。它只是一个你需要面对和解决并能从中学习的问题。"

可以说,如果不是因为善于从失败中吸取教训,不断成长,曾国藩不可能在九江大败、被皇帝拿掉兵权后的一次次低谷中东山再起,更不可能总结出结硬寨、打呆仗的作战经验。

正是这种成长型思维强化了他愈挫愈勇、不断解决问题的性格特点。从这些失败中,曾国藩领悟到,对于有志者来说,挫辱是最大的动力,打击是最好的帮助。咬紧牙关,把挫辱活生生吞下,就成了滋养自己意志和决心的营养。这构成了曾国藩生命经验中最核心的部分。

屡战屡败，屡败屡战，逆境中的崛起

想必大家小时候都听过"爱因斯坦造板凳"的故事，说在手工课上，老师指着爱因斯坦做的椅子说："这绝对是我见过最烂的椅子。"小爱同学笑笑没说话，从桌子下面掏出一把更烂的椅子，把老师整无语了。小时候只觉得，这小孩脸皮真厚，还不怕老师。越长大，才越明白从失败中站起来需要多大的勇气。

今天，我就来讲讲曾老师的"跳河"史。怎么样，是不是光看这主题心情就好了一大半？

曾国藩来到湖南，筹措军费，招兵买马，准备干票大的，为此不惜得罪同僚和百姓，力求打造一支王牌之师。与此同时，太平军天京建都之后，也盯上了肥沃富饶的长江流域，进行大规模西征。

太平军逼近皖鄂以来，咸丰多次催促曾国藩阻击，但是老曾这人认死理，认为自己从广州采购的西方大炮还没到，战斗力没达标，于是多次回绝咸丰的命令。看这架势，不练满一百级，坚决不出新手村。

直到太平军攻占湘潭，包围长沙，曾国藩这时站在衡阳练兵场上，检阅这支自己一手缔造的王牌水师——精锐一万多名，高级火炮几百门，铁甲战船几百艘，方才露出了满意的笑容。

为了这一战，曾国藩赌上了一切，这支军队，承载了曾国藩本人、他的家族，以及部下的命运。

1854年，曾国藩亲率水陆两军两万余人，浩浩荡荡出发了。沉寂了这么久，被旁人耻笑了这么久，隐忍了这么久，终于到了一鸣惊人的时候了，但天不遂人愿，爽文剧本可不是谁都拿得到的。

老曾刚出师，就在家门口湘鄂边界的羊楼司中了埋伏，摔了个狗啃泥，折损了几百人，按照迷信的说法，这个兆就挺凶。

小不忍则乱大谋，老曾心里憋了一股气，决心拿下湘潭。这时，情报部飞马来报，说靖港一带防守空虚，就几百人。老曾一听，高低得找回面子，于是改变作战方向前往靖港。按理说，临时改变作战计划是大忌，老曾这么心急求胜，就是因为这是他的"第一次"，象征意义大于实际意义。

于是，保守、求稳的战略风格，再次促使老曾做出选择，柿子就挑软的捏，二话不说，和塔齐布兵分两路，一路攻打湘潭，一路打靖港。结果，这就中了太平将领石祥祯引蛇出洞的计谋。石祥祯是翼王石达开的堂兄弟，号称"铁公鸡"，和石达开的游击战略不同，石祥祯喜欢打硬仗，经常带头冲锋，手底下的兵也特别有血性。

到了靖港，曾国藩亲自披挂上阵，迫切地想打开局面。按说，湘军水陆协同作战的正规军，对于太平军散兵游勇、驾着小木船的农民军，完全是碾压局。但由于实战经验和应变能力的欠缺，当天南风骤起，水流湍急，曾国藩强行命令水师开赴靖港。按理说战船顺风是优势，但风太大了也不行。那时的战船，可不像现代军舰，有调速功能，所以船一多，风速又快，大船小船全被风推到一块儿去了。阵型被打乱，领航船直接搁浅，引发后面连锁反应，追尾瘫痪。

曾国藩懊丧之余，赶忙命令陆师支援，结果士兵见战况不利，跑得比水师还快。目之所及，战船噼啪燃烧，岸上狼奔鼠窜，耳边回荡着太平军"活捉曾剃头"的呼号，曾国藩万念俱灰，纵身一跃跳入江中。

被章寿麟救起后，曾国藩回到长沙一心求死，给朝廷和家里都写了遗书，棺材也订好了，准备一去了之。

"赶紧送灵柩回家，愈速愈妙，以慰父亲之望。不可在外开吊，受赙。内银钱所余项，除棺殓途费外到家后不可剩一钱，概交粮台。"这封遗书，突出一个丧和急，甚至连墓地的选址也只字未提，从中可以明显观察到老曾的慌乱，自杀之心切，完全是为了逃避战败的追责，惶惶如丧家之犬，也就是说，这次的自杀完完全全是情绪崩溃导致的临时起意。

万念俱灰之际，湘潭塔齐布传来捷报，那些从广州采购的西式大炮，扭转了战局。左宗棠听说曾国藩要自杀，也过来探望。左宗棠这人脾气硬嘴毒，一边阴阳老曾，一边从怀里拿出一封家信。身在老家的父亲，见到曾国藩的遗书，是这样回复的："你组建湘军，不仅仅是保卫桑梓，更要保卫国家。湖南之外，能让你死的地方还有很多，你打出湖南，死在哪都是为家族立功，爸为你骄傲，但你要是死在湖南，你老爹我不会为你流一滴眼泪。"

曾国藩一看到家信，愧疚的同时备受鼓舞，从低迷中走了出来，继续带兵征战。而朝廷这时也降下圣旨，免了曾国藩靖港兵败的责任。

1854年12月，曾国藩在田家镇取得大捷，势头正盛。为了乘胜追击，次年1月，他率水师进军江西湖口。江西湖口是湖北连接南京的水上要道，只要把这口子打开，那么水师就可以长驱直入，直接威胁南京。洪秀全那边自然也是不敢怠慢，命令翼王石达开协防。太平军在江面和岸头，修筑了牢固的防御工事，易守难攻。两军就这样隔江对望，互相僵持。

湘军正琢磨着如何正面突破呢，石达开的军队就过来了。战船很简陋，不过是渔船改制的。曾国藩一看，马上派出机动性高的小船，前去追赶。

这下正中石达开的诱敌深入之计，百余艘小船被引至鄱阳湖内。埋伏好的太平军一齐炮轰，封锁湖口，将湘军水师一分为二，采取关门打狗的战术，湘军落入被动。就跟近现代海战中战列舰、驱逐舰、巡洋舰需要互相配合一样，湘军的小船大船也需要保持阵型，才能发挥优势。但目前的形势，由于没有了小船的掩护，大船也变成了"光杆司令"，湘军战斗力锐减。石达开又派人趁火打劫，用小船夜袭，放火烧船。周围顿时火光冲天，桅杆倾颓，就连曾国藩自己的座船也被团团围住。湘军左冲右突，最后弹尽粮绝，就连开船的官儿都阵亡了。

如若被太平军俘虏，结果可想而知。为了避免成为战俘，曾国藩再次跳江。比起上次的万念俱灰，这次的纵身一跃多了一丝理性的意味。1月的湖口，天寒地冻，江水冰凉，跳下去那是必死无疑。曾国藩压根没抱着活下来的念头，没想到这次又被部下给拉住了。

座船成了太平军的战利品，苦心经营的湘军遭受重创，这次付出的代价比靖港要大得多。但这一次，曾国藩没有以头抢地，没有寻死觅活。两万水师几乎全军覆没，按理说，掉一百次脑袋都够了，但这一次，曾国藩给皇帝的文书，却从遗书换成了两篇奏折。第一篇叫作《内河水师三获胜仗折》，第二篇叫作《水师三胜两挫外江老营被袭文案全失自请严处折》。奏折的主要内容就是，我们的水师如何英勇战斗，太平军如何卑鄙偷袭，最后我们拼死抵抗，那叫一个声情并茂，绘声绘色。

这还不算完，在文末，曾国藩又附上了这样一句话："而外江老营两次为该逆所偷袭，实堪愤恨，皆臣国藩调度无方所致，应请旨饬部将臣国藩交部严加议处。"

老曾避重就轻，将军事指挥的失职，用太平军卑鄙偷袭来进行淡化，只答不辩，疯狂道歉，塑造了一个身先士卒，却被小人偷袭的光明形象。自然，以咸丰的道行，又没有治罪。

家信方面，曾国藩也未见颓丧："……两次大挫。而兄之座船被失，一军耳目所在，遂觉人人惶愕，各船纷纷上驶……此等情景，殊难为怀！现率残败之水师，驻扎九江城外官牌夹。兄住罗山陆营之内，不知果能力与此贼相持否？"

曾国藩兵败被困九江，仍在积极谋划反攻事宜，这一时期，是曾国藩在高温高压下发生化学变化的时期。从咸丰五年（1855）被困，到咸丰七年（1857）丁忧，塔齐布、罗泽南等资深骨干相继阵亡，同时军饷严重不足，各省不闻不问，朝廷也不予任何支持，甚至以"顿兵不战，坐耗军需"等言语讥讽，可谓是实打实的"官方弃子"。这个时期老曾"每闻春风之怒号，则寸心欲碎；见贼帆之上驶，则绕屋彷徨"，悲伤焦灼到了极点，但不屈不挠的斗志和挫折殊死博弈，将曾国藩的品格彻底锤炼。

曾国藩斗志昂扬，随时准备东山再起，正所谓自助者天助，太平天国居然不攻自破了。

1856年，太平天国又走上了农民起义军的老路，由于抢皇位，金田村拜把子的革命情谊荡然无存，闹了严重内讧。石达开回来一瞅，气得直接带兵离家出走。太平军从此由盛转衰，好一个"天父杀天兄，江山打不通"。

但毕竟瘦死的骆驼比马大，就算太平军大势已去，仍称得上虎狼之师。1860年，太平军再次击溃江南大营，曾国藩受任两江总督,顺势把总督府一并迁到了安徽南部的祁门。自此之后,曾国藩大权在握,仰人鼻息的日子也一去不复返了。

不过,迁总督府到祁门可谓是一步险棋。祁门的地势非常低洼,只有一条路和外界连通,一旦被围困,就没有任何反制手段。幕僚们苦苦劝说,设在这儿风险太大了,换个地方吧。但曾国藩这人还是那个毛病,倔,认死理,就是不听。

一语成谶。定军祁门之后,皖南的太平军接踵而至,徽州随即失陷。一筹莫展之际,虽有昔日同僚李元度前来支援,仍抵挡不住太平军的猛烈进攻。

太平军以十倍兵力进攻祁门,本部湘军誓死拼杀,艰难抵抗数日。曾国藩淡定坐在府邸,耳边前线的厮杀声越来越近,这一次,他没有任何过激的反应,将自己的佩刀取下,架在脖子上,只等太平军攻入大本营的那一刻。

曾国藩淡定写下遗书:"余忝窃高位,又窃虚名,生死之际,坦然怡然。惟部下兵勇四五万人,若因断饷而败,亦殊不忍坐视而不为之所。家中万事,余俱放心……"

尽管曾父此时早已去世,已无法见证儿子的蜕变,但曾国藩早已不是当年靖港兵败自杀的"emo 精",真正成了一名杀身成仁的报国将领,同时,在子孙后代面前,也树立了一个光辉伟岸的形象。

危急关头,攻入城内的太平军竟突然撤退,原来是湘军大帅鲍超杀到,左宗棠也击退敌军,粮道重开,又把湘军盘活了。

从此以后，湘军和太平军攻势反转，太平军拱卫天京的绝地反扑一次次被湘军绞杀，湘军将领上下齐心，水陆联攻，将太平军的"天国"幻想狠狠粉碎。

从初出茅庐时的靖港惨败，消极自杀，丧失斗志，到第二次鄱阳湖水师全军覆没，临危不惧，重整旗鼓，再到祁门被围，府邸几乎沦陷，曾国藩已从江海"沉浮"之中，变得坚强，刚毅，越来越从容，视死如归。

但我们若从结果倒推回去，便会发现，曾国藩军事失利，有这样一些原因：首先，性格方面，曾国藩前期固执己见，一味蛮干，对事态发展的预测性、包容性不足，缺乏军人的"活性"；其次，受到士大夫阶层忠君思想的影响，不成功便成仁，精神压力过大，缺乏农民军队的韧性，缺乏大局观；最后，社交层面，忽略人情社交，以至于得罪地方和朝廷，失道寡助。

我们可以从这些失败的经历中得出一些教训：预期充满变数，胜利往往都要付出惨烈的代价，没有一劳永逸、一蹴而就的成功。在这个过程中，一要忍，二要耐，需广结善缘，发扬屡败屡战的精神，才能守得云开见月明。

作为职场人，当把屡败屡战的精神内化在平时的工作中，作为管理者，应该把这种精神收为己用，用坚忍和执着来掌控全局，带领员工攻坚克难，谱写企业发展的新征程。

◆ ◇ ◆

失败，是人生常态；挫折，贯穿人生的始终。罗曼·罗兰曾经说过，世界上只有一种英雄主义，那就是认清生活的真相后，依然热爱生活。

所以，顺风顺水固然好，但大多数人的一生都是波澜起伏的一生。命运不会因为你弱小就对你格外恩宠，当然，也不会因为你强大而退避三舍。我们无法挑战"命"本身，所有人都关在命运的牢笼里。但我们坚信，命本身不会带给我们完全无法承受的伤害。如果一个人在遭遇重击之后，还能够从积极的角度思考，能够意识到这次灾难给予自己的训诫，并让这次反思成为自身的一部分，那么他就有可能提升自己的认知。而卓越的人，都会让自己的认知累积成一个庞大而精密的决策机器。只有这些拼命提升自己的人，才拥有跳出藩篱的梯子。

大环境越差，情况越艰难，心就要越坚定，"逆商"就越重要。在我看来，"逆商"有三个特点：第一，永远不过高估计困境，坚信一切都在可控范围内。第二，坚信任何情况下困境都不会持续无限长的时间。往往越是棘手和难以攻克的问题，就越接近阶段的转折。第三，要相信困境都有机会，都有方法，都有窗口期可以逃脱，需要全力以赴地找到它们。

同时要懂得"不忮不求",不能因为眼前的困境就怨天尤人,道心破碎,自乱阵脚。回过头看看,这都是再正常不过的局面,时刻认清自己该怎么做调整,用绝对的理性思维来克服自身焦虑的状态。

悔字如春，成长从反省开始

　　一位法国政治家说过这样一句话："一个人在二十岁时如果不是激进派，那他一辈子都不会有出息；假如他到了三十岁还是个激进派，那他也不会有什么大出息。"听完这句话，我们又得拿曾国藩开刀了。曾国藩开窍比较晚，四十岁了还是个激进派，但后来他回老家面壁思过了一段时间，出来后就完全变了个人，这可不是小说里令狐冲误入岩洞偷学壁画练武功的情节。曾国藩回家做了什么？俩字：反省。

　　何谓"悔字如春"？反省悔过，就像春天，可以让旧枝焕发生机。简言之，反省是一个自我内部更新的过程，人一旦开始反省，就意味着他经历了足以在当下阶段令人挣扎的困境。反省，往往是极度痛苦后的新生。

　　曾国藩是个习惯于反省的人，这从他对写日记的坚持中就可以看出。从1839年开始写日记，到1872年去世，刨去中间因为打仗荒废的时间，加起来也有个二十多年。想必不少人小时候都写过日记，但如今早就丢掉了这个习惯，曾国藩却能几十年如一日，根本原因就在于写日记的动机不同。我们写日记，无非属于一种生活记录，是花鸟虫鱼，市井百态，而曾国藩写日记，可是实打实的自我批判，活像个"孤独患者"自我拉扯。

其实，曾国藩的反思动机是个很终极的命题。成为圣人，乍一听，还挺高大上，但实际上"成"就是修行的过程，是要先于"圣"的，落在具体事物上，就是反省，修正。由于社会剧变、人心惶惶，晚清理学崇尚经世致用。和心学"豁然开朗"的顿悟不同，理学讲求从实践中获得反思，逐渐从抽象道德过渡到日常化的准则。所以，内在动机和外部环境都在促使曾国藩成为一个善于反思的人。

反省，离不开家庭教育。曾国藩的成长过程中，父亲一直是一个参与感很强的角色，陪读陪考不必多说，曾国藩考上进士进入翰林院不久，老爹也跟着他住到了北京。有一次老爹过生日，有一个叫郑小珊的好朋友来祝寿。郑小珊是曾国藩同乡，两人算是忘年交，无话不谈。这一天郑小珊无心说了一句话，曾国藩听后勃然大怒，丝毫不顾及往日情分，对郑小珊破口大骂。郑小珊生气至极，拂袖而去。

事后，曾麟书把曾国藩好好教育了一顿，曾国藩听了，后悔万分，约上好友陈岱云与郑小珊在酒楼喝酒，负荆请罪，主动认错，两人从此冰释前嫌。父亲在曾国藩身边住的这一段时间，认真观察他身上的坏毛病，给他总结了三点：节劳，节欲，节饮食。怎么样，像不像家长叮嘱我们少吃垃圾食品，少熬夜？曾国藩是个乖乖崽，触类旁通，并根据父亲所说的"三节"，给自己提出了"戒多言、戒怒、戒忮求"的"三戒"。

孔子说："君子有三戒：少之时，血气未定，戒之在色；及其壮也，血气方刚，戒之在斗；及其老也，血气既衰，戒之在得。"不同阶段有不同阶段的敌人，曾国藩这一时期的敌人就是声色。

为啥父亲单独提出这"三节"，让曾国藩"节制"一点儿？俗话说，男人至死是少年。这小曾跟大多数人的情况差不多，好声色，闲得没事儿干就爱去菜市口刑场看砍头，去朋友家吃饭，看见漂亮的女子，心中便饿鬼横行，鸡犬不宁。曾国藩自己心里也清楚，觉得这样不好，于是直接把父亲的"节制"拔高一层，成为"戒律"了。

但说到和做到是两回事儿，好习惯的养成需要二十一天，毁掉一个习惯只需要一秒钟，所以小曾虽然给自己设了这三戒，但还是说一套做一套，根本戒不掉，每天写日记的时候，还是自怨自艾、如坐针毡，恨不得扇自己两嘴巴子。

幸好，曾国藩的定力非常人可比，坚持设法改正，于是拜理学大师倭仁为师，虚心求教。

倭仁教给了曾国藩两个方法。

第一，坚持写日记。他告诉曾国藩，匹夫之勇不可得，一个人最大的敌人不是别人，而是自己。同样，一个人最容易原谅的是自己，而不是他人。人要善于跟自我和解，寻找出路，而不是一味封堵，跟自己过不去。

第二，要做到敬，慎独。敬就是敬畏，对自己想要达到的目标，心怀敬畏，埋头苦干，同宗教思维略有相似之处。慎独这个词大家就比较熟悉了，君子慎独，那就是面对别人和面对自己的时候都要保持一致，以诚待人，以诚对己，不能人前一套人后一套，做到表里如一，将坚守的品格贯彻落实在各个方面。

父亲的教导给曾国藩的终身反省开了个好头，倭老师则传授给曾国藩一套合适的方法论，实现人生理想，建立起一条明朗的通路。

此后，曾国藩进入能量守恒阶段，失败经验能及时内化为反思，现实反馈在曾国藩的心智机器中得到了高效率的转化，进行着源源不断的新陈代谢，这在湘军建立之初体现得尤为明显。

在湘军牛刀小试之初，曾国藩令罗泽南率湘勇往援，结果初抵南昌，即被太平军大败，阵亡五百余人，罗泽南本人躲在民舍里，逃过一劫。这是湘勇第一次与太平军作战，虽然失败了，但是曾国藩"以为湘勇果可用，虽败敢深入，官兵不如也"，并且明白了湘勇羽翼未丰，不能轻易外援，所以后来不论江忠源、吴文镕怎么恳求，咸丰帝怎么训斥，都不为所动。

再比如，粤东民情彪悍，有械斗风俗，有良兵潜质。曾国藩招募潮州的"潮勇"为自己所用，而头领张国梁率兵抢劫，曾国藩为了增强管制力，立即建立了长夫和棚帐制度，整肃军队风气。再比如，湘勇第一次和太平军进行城内巷战，由于作战经验不足，储玫躬等人被杀死，曾国藩于是马上确定"扎营垒以利攻守"的战术，坚决不和农民军打游击战。

不过这种平衡并未维持太久，精心构筑的心灵容器又被现实重炮轰了个稀巴烂。

故反省，更需要现实的锤击，戒律、定力在没有经历过考验的时刻，是无法碰擦出奋进的火花的。曾国藩之所以带兵遭堑，很重要的原因就是他的前半生没经历过什么大挫折，显得太"平"了，颇有当代"小镇做题家"之悲哀。

曾国藩靠自己的努力，二十八岁中进士，入翰林后，对自己的能力坚信不疑，不屑于跟同僚搞好关系，显得和周围人格格不入。他认为，只要闷头苦干就可以解决一切难题，过去的经历给了他凡攻必克的假象。按照传统儒生道德标准来看，他的作风似乎还是个模范典型，在中央官场这么做，也似乎是个优点，但一旦带兵打仗，则需要事无巨细的利益协调能力和资源调配能力，需要将分散的地方势力绑定在一起，而其中的关键纽带，就是人情。

曾国藩并不懂人情，只会按照自己的想法，莽撞行事。在湘军创办前期，这些问题被湘军的成长性淹没，而到了中期，人情引发的祸患开始暴露，导致曾国藩名节尽失。但很显然，曾国藩在一开始并没有搞清楚其中的缘由，依然顽固地认为是自己的努力不够，直到现实的重拳把他彻底击倒，将他冥顽不灵的"人定胜天"观念狠狠击碎。

至此，"道"在曾国藩的心中开始滋生。

咸丰五年（1855）间，湘军面临着前所未有之大困局。鄱阳湖惨败，水师几乎全军覆没；麾下猛将塔齐布攻九江不利，呕血身亡，大长老罗泽南被困武汉，缺粮缺军饷，风风火火的"曾剃头"，变成了孤家寡人。众人棒打落水狗，江西各级地方官拒不配合，朝廷也多次责难，曾国藩终于琢磨过味来了，好像一切并没有自己想的那么简单，目标和成功之间并不是一道简单的连线题，其中弯弯绕绕，纷繁杂乱，自己也从迷蒙困顿中瞥见了那一线大彻大悟的生机。

所谓悔字如春，这凛冬过境后的倒春寒，让曾国藩清醒了，这是曾国藩彻底悔过的时期，而偏偏这个时候，又接到父亲去世的讣告。曾国藩走了，朝廷解除了他的兵权，他离开了军队，回家开始了一次大彻大悟的反省。

在这段时间里，曾国藩远离了自己亲手缔造的一切，离开了血流漂橹的战场，离开了万马齐喑的湘军。他不再是带兵的元帅，也没能成为父亲的骄傲，凄风苦雨，孤苦无依。年少时父亲的告诫，师长的教诲，官场的叱咤风云，燃烧的战船，倒下的将领们……过往芜杂，付之一炬。他站在家乡的田野，一瞬间四方云动，过去的万般经历涌上心头，悔悟顿生："余自经咸丰八年一番磨炼，始知畏天命、畏人言、畏君父之训诫，始知自己本领平常之至。昔年之倔强，不免意气用事。近岁思于'畏慎'二字之中养出一种刚气来，惜或作或辍，均做不到。"

这段在乡居期间的思考，使得曾国藩发生了质变。他从一个"二十岁的激进派"变成了"四十岁的保守派"。他从自身出发，反省自己，认识到了各级官僚有各自的想法，凡事也有轻重缓急。统帅的作用，不仅仅是领兵，更在于充当各个利益集团的纽带，协调不同领域、不同地方的总体利益。自此以后，曾国藩的为人处世风格发生了割裂式的巨变。

他一改之前一刀切的办事风格，每带兵到一处，必亲自拜访当地总督、巡抚等各级大员，充分参考各方的意见，同时考虑集体利益，也将更多的精力投入与同僚的往来中，"应酬周到，有信必复，公牍必于本日完毕"。

此后，曾国藩也认识到事物之间的联系是普遍的，多方面的，对军争，应当心存敬畏。在对抗太平军的作战中，打落牙齿和血吞，结硬寨，打呆仗，步步为营，丝毫不见当年的莽撞，自此取得了事业和名节上的双赢。

粗浅的反省来自生活，真正的反省则是苦难的产物。马云说过："成功者永远都在反省自己，失败者却永远都在评价别人。"王健林也曾在电商大战中损兵折将，在年会上公开检讨反省。

商海波谲云诡，没有一帆风顺的经营，只有变化的时代和善于反思的领航员。作为企业的掌舵人，应敢为天下先，更应当勤反思，善反思，这样，你才会进入从开花到结果的良性循环，才能在信息膨胀的年代中源源不断地焕发生机，成为一名成功的"社会和民族企业家"。

"悔字如春",是曾国藩在家书中引用的朱子的名言,完整如下:"悔字如春,万物蕴蓄初发。吉字如夏,万物茂盛已极。吝字如秋,万物如落。凶字如冬,万物初凋。"

曾国藩从咸丰七年(1857)开始,在家蛰居一年零四个月,陷入他一生当中的至暗时刻。也是在这一年多当中,他大彻大悟,大惭大悔,进入了一生中第三变,从笃行申韩,到坚信黄老;从每见人不是,给人难堪,到悔字如春,万物生长。

也正是在这里,曾国藩"不怨不尤,但反身争个一壁清;勿忘勿助,看平地长得万丈高","昔年自负本领甚大,可屈可伸,可行可藏,又每见得人家不是。自从丁巳、戊午大悔大悟之后,乃知自己全无本领,凡事都见得人家有几分是处,故自戊午至今九载,与四十岁以前迥不相同"。

他建立起了自己的方法论框架,即能立能达为体,不怨不尤为用。什么意思呢?

能立就是能站得住,能达就是要圆融,能行得通。不但要自己站得住、行得通,还要让身边的人站得住、行得通。曾氏认为无故而怨天,天必不允;无故而尤人,则人必不服。所以不要抱怨,要坦然接受,奋力改变。

可以看出来,曾国藩的反省是认知的突破,而大部分人的反省都不值得一提，不过是自己欺骗自己的幻象。认知不是学习来的，是突破来的，通过人，通过事儿，通过读书不停地突破自己的认知，进入新的境界。人在年轻时，暂时性地犯相同错误，是很正常的事情，但这不是个很好的信号，说明认知没有提升，所以，要从现在开始，进行深度的自我反省，提升自己的认知。

高朋满座，良将如云，情商是尘世的修行

今时的职场环境不同往日，当员工难，当领导更难。何出此言？现代企业，少则几十人，动辄几百上千人，部门繁多，而其中人才的性格、能力、背景更是各有千秋，管理这样一个繁杂庞大的体系，难度可想而知。领导可以对专业领域一无所知，但情商的修炼，则是一门必修课，内部一团和气，才能形成企业向心力，达成安内攘外的局面。

所以，不仅要做董事长，还要当个"懂事长"。

"笨人"曾国藩和"懂事长"似乎不搭边，比如他办事风格雷厉风行，初来乍到就把地方官僚得罪个遍，而正是这样一个"笨人"，手下却人才济济，良将如云。所以，真正的情商，绝不仅仅是耍嘴皮，玩心眼。我们之前提到过曾国藩刁钻的向上管理，但在对待下属方面，却丝毫不见曾国藩玩弄权术的迹象，所谓情商，唯有"拙诚"二字总括。

拙诚从本质来讲，是一种大情怀，贯穿在曾国藩处世、待人、事业的方方面面。

在处世上,"拙诚"体现为让功于人,内用黄老

熟读曾国藩的日记会发现,他是一个儒家理论的践行者,但也经历过微妙的转变,就是从外儒内法,逐渐过渡到外儒内道。

简而言之,就是用儒家的高情商,配合道家的处世高智商,逐渐取代法家的高效率低情商,俗话讲,就是变得越来越"佛系"。

大家都知道曾国藩喜欢打呆仗,不喜欢用计谋,其实是大家把曾国藩看低了,他表面上呆,实际上是在用"道"带兵。

他有一则这样的书信:"日中则昃,月盈则亏。故古诗'花未全开月未圆'之句,君子以为知道。自仆行军以来,每介疑胜疑败之际,战兢恐惧,上下怵惕者,其后恒得大胜;或当志得意满之候,狃于屡胜,将卒矜慢,其后常有意外之失。"

大意是说,我信心满盈时,往往打败仗,战战兢兢反而取得大胜,这奇妙的现象,不正符合道家朴素的辩证法吗?

之所以打呆仗,并不是真的没有别的计策,而是时时刻刻提醒自己,万万不能大意,要采取最保守、最认真的战术,就跟学生们平常考试当高考,最后高考当平常一样,这种战略风格,让湘军在动荡中成长为王牌之师。

"道"投放在具体人身上,也体现得淋漓尽致。在对抗太平天国的末期,弟弟曾国荃可谓战功赫赫,亲自率兵打下安庆,还中了一箭。按照正常剧情,曾国藩本来就该向着家里人,况

且曾国荃是实打实地会打仗，敢打仗，向朝廷邀功的时候肯定得把他列在第一个，但曾国藩偏偏把攻下安庆的首功给了高情商、左右逢源的胡林翼，说他决策水平堪比萧何，后勤保障也全靠他。

前线的功劳，曾国藩又给了绿营的多隆阿，但这个多隆阿，实际上是给曾国荃打下手的。他就这样直接把弟弟跳过，上报给了朝廷。消息传出去，全营上下都在为曾国荃鸣不平。这还不算完，后来，曾国荃又拼尽全力打下南京，结果曾国藩又把首功让给了满将官文，更过分的是，大业已成，曾国藩又逼亲弟弟裸辞，还送了两句不痛不痒的对联"千秋邈矣独留我，百战归来再读书"，意思让曾国荃赶紧回老家种地享福。

此外，还有一句：左列钟铭右谤书，人间随处有乘除；低头一拜屠羊说，万事浮云过太虚。劝国荃，都放放吧，不然就要惹祸上身了。

其实，曾国藩对朝廷的动向早有预料，湘军淡出历史舞台也是他的抉择。俗话说，狡兔死良狗烹，而如今太平天国已灭，曾氏兄弟手握重兵，势必就成了朝廷的重点关注对象。曾国荃直接打包袱回家，就躲开了朝廷的责难，安然度过动荡期，后来又被朝廷重新起用，重回官场。

您瞧，这种入世和出世相结合，看起来似乎有些笨拙、呆板，却往往能转危为安，一路吉祥。

在待人上，"拙诚"体现为金刚怒目，菩萨低眉，恩威并施

假如你是老板，手下有两个能力顶尖但互相看不惯的员工，失去哪个都会影响企业未来的发展，如何调解？

曾国藩就曾遭遇过这种境况。1865年，捻军在北方地区猖獗，曾国藩接到慈禧下达的北上剿捻的任务。慈禧还给曾国藩安排了两员大将，一个叫陈国瑞，一个叫刘铭传。陈国瑞是蒙将僧格林沁的手下。此人恶霸出身，性格暴烈，心狠手辣。这么危险的人就直接安排给曾国藩用了。熟悉点历史的朋友都知道，僧格林沁和曾国藩是竞争对手关系，两人不对付，陈国瑞自然也是压根不把曾国藩放眼里。而刘铭传是李鸿章的人，被称作"淮军第一悍将"，有能耐，却使唤不动。况且这时候，曾国藩已经裁撤湘军，颇有退居二线的意味。怎么样，是不是听着就头大？这还没完，在曾国藩赴任的路上，这两人直接就干起来了。

陈国瑞瞅见刘铭传营里有李鸿章下血本搞到的高级洋枪炮，直接率军突入刘铭传军中夺枪。刘的军队完全没有防备啊，死伤无数，被洗劫一空，但淮军第一悍将可不是白叫的，刘反应过来后，冷静指挥反攻，将陈国瑞的部队全歼，并且当场把陈抓获。

朝廷那边颇为震动，都准备观察曾国藩的处理风向，只见曾国藩不紧不慢回来了，并没有开会批斗陈和刘，反而在公共

场合夸他俩。这还不够,曾国藩向朝廷上奏,狠狠将他俩夸了一番,把朝廷那边安抚好,曾国藩这一步格局就大了,不至于临阵换将,自乱阵脚。

刘铭传这人素养高,本质不是啥恶人,被曾国藩一批评就连连认错。但陈国瑞可就不一样了,嘴硬,死不承认,还骂曾国藩搞针对,偏袒刘。

怎么办,难不难?曾国藩一改举重若轻的态度,金刚怒目,把陈骂得狗血淋头,说这次北上期间我多次走访,七成人都在骂你。陈一听不乐意了,心想,行,你们不是说我不好吗,那讲给我听听呗。老曾淡然回答道:"大家说你刚愎自用,忘恩负义,残暴好斗,私设刑堂,殴打命官,欺压百姓。"

陈没料到曾的情报工作这么出色,老底被揭,羞愤难当,准备跑路,曾国藩这时候态度缓和下来,又慈眉善目地说:"其实夸你的人也有不少,说你不贪财不好色,重义气,勇猛过人,是个军事奇才。"

陈一听又高兴了,也不准备提桶跑路了。老曾笑了笑,不紧不慢掏出两份奏折,一份上面写的是"将功补过,下不为例",一份是"撤职查办,以儆效尤",甩在陈面前,让他自己做选择。陈一看,彻底服气。

怎么样,曾国藩怒可金刚伏魔,善可普度六道,实实在在上演了一场情商的艺术。

在事业上,"拙诚"体现为匡扶大义,整顿风气

晚清是儒家文化体系走向崩溃的时代。传统的"忠孝"观念在个人安危得不到保证的局面下渐趋淡薄,"家国同构"也失去了其存在的社会环境。而儒家文化的根基被动摇,辐射到官场,就是官员吏治水平的下降和军事领导能力的涣散。

具体层面,就是做文官的只想着上班划水摸鱼,贪污,欺压百姓;做武官的军备废弛,丧失血性,骄纵自傲。

纵观历史,不管是横扫欧亚的蒙古铁骑,还是终结明王朝的女真部落,抑或是被曾国藩作为榜样的"明朝特种部队"戚家军,都有十足的"血性"。这种血缘、宗族的纽带感,往往左右着战局。

而古代士大夫讲修身齐家治国平天下,曾国藩也不例外,要想打天下,首先得修身。

曾国藩从一开始就认识到,这场空前的军事危机实则是一场由道德、人心引发的"人治"危机,所以,在道德建设方面,曾国藩可谓下足了功夫,十分重视对士兵"血性"的培养。

曾国藩所倡导的"血性",像极了现代企业中屡创传奇又饱受诟病的"狼性文化",即有大志向,有狠劲儿,遵守纪律,高效协作。

在湘军创办水师之初,他就十分重视士兵血性的锤炼,在和水师将领杨岳斌的交往信件中就提到,要下到军营中突击检

查,查看营内的整体风貌。

此次检阅后,老曾发现营里的官僚习气太重,士兵们鬼点子太多,搞小团体,没法形成集团凝聚力。而他解决的办法简单粗暴,即把士兵和将领的利益绑定,若长官战死,则军队自动解散,士兵回家种地返贫。这就使得道德发展、利益追求内化在了君臣父子的纲纪之中,完成"血性和人心"的重塑过程。

在选择官吏上,曾国藩也沿袭了这一套标准。有血性、无官气、纯朴的人是他的首选。我们上文提到的杨岳斌就是如此。杨岳斌原名杨载福,开始是一个最底层的打工仔,但每每打仗,护具都不戴,冲在最前面,奋勇杀敌,而且他经常语出惊人,有大志向。曾国藩于是决定破格提携,直接在咸丰帝面前举荐此人,使得杨岳斌人尽其才,成了湘军的中流砥柱。

我们纵观曾国藩的官场情商,发现曾国藩凭的就是一颗赤胆忠心,一颗家国孝心,一颗破局诚心,没有弯弯绕绕,没有啥花言巧语,此所谓"唯天下之至诚能胜天下之至伪,唯天下之至拙能胜天下之至巧"。看似呆笨,实则变化万千,幻化无穷。

◆ ◇ ◆

关于情商,我理解有以下几个层次:

第一,它是一种同理心,就是能将自己放在一个环境中感知这个环境，体察别人的需要，捕捉他人情绪、意图的能力。高情商本质上是一种高认知，是一种对上下左右兼容的能力。

第二，它是一种道德感，是基于善良的一种选择。孔子说："己所不欲，勿施于人。"这就是一种情商。曾国藩自己也说过一段类似的话。他说自己要立得住，还须知他人也要立得住。自己在受到礼遇时懂得尊重别人，要知道有一天如果自己被别人欺负，你也要能己所不欲，勿施于人。所以曾国藩说自立立人，自达达人，自己想要封王成圣，别人也需要。这是一种道德感。不能因为自己的视野比别人宽广就居高临下，看不起这，瞧不起那，而是选择去带动更多的人加入你的能量圈，形成一个思维共同体。而在面对同等认知或者更高认知的潜在伙伴时，更应当善用情商，主动做一个向他人释放善意的人，毕竟没人会拒绝一个实力强大的朋友。这对于自己和他人，都是打开通向新世界的窗口。

第三，它是高度的自律。人有三性：人性、兽性、神性。我们要把兽性关在笼子里，把神性释放出来。当你控制自己的情绪，把动不动就发脾气、动不动就爆粗话、动不动就对人刻薄的欲望克制一下，这是一种高度的自律，就是高情商。

第四，它是一种理性。情商绝对不是一种感性，而是一种理性。而这种理性就是要让自己的利益最大化，不和自己过不去，也不和他人过不去。

第五，它是一种超脱的姿态，和而不同。你要比较超脱，不是作为一个入局者、一个局内人，而是能站得更高。当你在一个更高的维度看别人，这时候就可以做到和而不同。因为你不追求那些表面的一致，而是能理解这个世界的参差多态，能理解大家各有不同，所以我觉得它是一种超脱的姿态。

第六，它是一种务实的方法论。追求终局，而放弃无关紧要、不产生建设性的细节的能力。就是说它是一种解决问题的能力。

钝感力的养成：
倨傲天才早夭折，稳笨"蠢材"行万里

钝感力这个词不等于迟钝、反应慢，强调的是面对困难时的一种耐力，一种厚脸皮的抗压力。它有以下几点铁律：一、能快速遗忘不愉快；二、认定目标，失败仍要继续挑战；三、坦然面对流言蜚语；四、对嫉妒讽刺常怀感谢之心；五、面对表扬，不得寸进尺，不得意忘形。所以钝感力绝不是什么偷奸耍滑的本领，而是一种笑对人生、积极乐观、蓬勃向上、充分发挥主观能动性的人生态度。

以前我们总认为"敏锐"好过"迟钝"，但放眼当今时代，善用迟钝，往往能规避掉很多麻烦。而曾国藩则是无师自通型的钝感力天赋型选手。可以说，曾国藩所有的成就，就是靠钝感力撑起来的，我们可以拿曾国藩的挚友江忠源来做个比较，看看钝感力究竟发挥了怎样的作用。

曾国藩有个怪癖，喜欢给好友亲朋题挽联，他没少为这事儿挨骂。或许是优秀的人互相吸引，导致这俩能处上朋友。江忠源也是个狂人，干过不少"好"事儿。他从小属于"问题儿童"，喝酒赌博一样不落，但"问题儿童"往往比一般人聪明。

江忠源中举后，来到北京城参加会试，没考过，在京城里快乐玩耍，而他的朋友却因为考试失利，急火攻心，客死异乡。江忠源一掏裤兜也没钱，运是运不回去了，于是背上好友的尸体，风餐露宿，愣是把尸体从京城背回了湖南老家。江忠源靠"背尸"一战成名，声名远扬。即便没考上，江忠源也不打算一棵树上吊死，立马回家练兵，靠着满腹经纶和盛名义气，竟弄得有模有样。曾国藩第一眼见他，只觉声音洪亮，身材瘦削，断定这人能干大事儿，说："吾生平未见如此人，当立名天下，然终以节烈死。"

曾国藩的识人之术的确过硬，江忠源可谓一路开挂，战绩惊人。先是在桂林成功拿下太平军，擢升知府；后在全州蓑衣渡一炮轰杀南王冯云山；长沙城外，又毙了西王萧朝贵，升任道员。连杀太平军两位大王，江忠源一度被太平军视为头号敌人。太平军入两湖后，沿江守军皆溃败，江忠源驰援死保南昌，成功守擂。此番豪华战绩，使得天下志士看到了希望，曾国藩、胡林翼、左宗棠都深受其影响，纷纷投笔从戎。然而，江忠源的义气，最终害死了他。

江忠源由于接连作战，身患重病。重病之中受咸丰委派，临时被人抬着担架赶往已经告急的庐州解围。按理说，留得青山在，日后算账，并不算晚。但江忠源因为过于讲义气，抛下理性因素，选择死守庐州。城破后，部下背着他逃跑，江忠源悍然跳下，同太平军拼杀，最后投水而亡。

可以说，如果江忠源不死，曾国藩的光辉就远没有今天耀眼。我们反观曾国藩，在这么讲义气的好朋友江忠源被围困的时候，他在干吗？

一个字，苟。

其实江忠源曾多次向曾国藩求援，咸丰也多次下令催促曾国藩驰援，但曾国藩就是不出兵，阴阳怪气打太极。部下夏廷樾看不下去了，求他率师东下，解救江忠源。曾国藩老脸一板："我订购的大炮还没到，绝不出战，你们都以为我不顾及兄弟情义，我一想到这儿，就泪流满面啊。"

结果江忠源在内无粮草、外无救兵的绝境之下，死守一个多月，光荣下线。曾国藩得到消息后，号啕大哭。这一哭，究竟是兔死狐悲还是感怀故人，就不得而知了。

此事一出，曾国藩丢人丢到全湖南，不仅有几个部下离家出走，全省的官僚都写信痛批曾国藩，按今天的话说就是被网暴了。而曾国藩又是怎么做的？喝了口水，在日记上洋洋洒洒："虹贯荆卿之心，而见者以为淫氛而薄之；碧化苌弘之血，而览者以为顽石而弃之。"老曾不仅啥事儿没有，还夸自己是荆轲、苌弘一样的稀有存在呢！

军事天才江忠源英年早逝，死在了自己傲于众人的忠义上，而军事"蠢材"曾国藩啥大本事没有，却一路苟到了决赛圈，可谓是钝感力的功劳。

最后，我想从饮食和生活的角度来谈曾国藩的钝感力。

想必大家都听过"人间烟火气,最抚凡人心",当我们深陷都市生活的繁忙时,一顿好饭便可以让我们慢下来。或是三五好友街边撸串,或是深夜大排档月下独酌,纵有万般无奈,也能被一杯浊酒冲散得一干二净。

吃顿好的,并不一定是海参鲍鱼大龙虾,而是让自己舒心顺口的饭。它可能是老妈邮寄的萝卜干咸菜,可能是街边摊的炒菜。总之,吃点爱吃的东西,能给我们源源不断地提供同世界周旋的心理和生理能量,是最廉价、有效、快乐的对抗压力的手段。这本就是一种天然的钝感力获取来源。

曾国藩在家信中写道:"富贵功名皆人世浮荣,惟胸次浩大是真正受用。"乍一听,颇有些肉食者鄙的凡尔赛意味,但我们查阅曾国藩的家信可以得知,他并不是弄虚作假,而是一名真正的"生活家"。

我们讲"文质彬彬,然后君子",光有"文"不行,还要有接近生活的"质"。而生活,无非衣食住行,一日三餐。曾国藩在家规中创设了"早、扫、考、宝、书、蔬、鱼、猪"八字诀,即早起、洒扫、祭祀、和睦、读书、种菜、养鱼、喂猪八种生活习惯。

曾国藩驻防周家口时,在家信中写道:"早间所食之盐姜已完,近日设法寄至周家口。吾家妇女须讲究作小菜,如腐乳、酱油、酱菜、好醋、倒笋之类,常常做些寄与我吃。"同年的书信中也有如下记载:"家中外须讲求莳蔬,内须讲求小菜。此足验人家之兴衰，不可忽也，此谕。"为官在外，心心念念的是故乡的小菜。

即便终日因战事焦头烂额，曾国藩也未曾对故乡和农事掉以轻心，所谓"居官不过偶然之事，居家乃是长久之计"。在给儿子的书信中也提到勤于农事、劳动的重要性："尔等亦须留心于莳蔬养鱼，此一家兴旺气象，断不可忽。"意思是说，咱们家里养点鱼，养盆花，鱼喂得肥不肥，花养得旺不旺，在很大程度上能折射出这家人的生活态度，如果懒惰不上心，那么鱼断不可能活，花也不可能盛开了。

除了让子孙从事农业生产，曾国藩还认为劳动可以塑造肌体，使身体强壮："后辈体气远不如吾兄弟之强壮也。吾所以屡教家人崇俭习劳，盖艰苦则筋骨渐强，娇养则精力愈弱也。"所以，我们现代的教育事业中，五育并举，除了德智体美，仍然保留着劳动教育。

现代社会的很多青年，过着低欲望生活，衣着简朴，三餐朴素，无爱情，无社交，专心致志地取悦自己，我觉得这没什么不好。其实，生活的本质就是平淡，即便有丰富的物质资料，我们依然要追求简单的生活，这样即便落入低谷，或是天降横财，生活的形式也不会发生什么变化，不会因为巨大的落差破坏了生活的平衡。

朱元璋当了皇帝还念着乞丐时期的烤地瓜，书圣王羲之喜欢养大白鹅，伟人毛泽东七十三岁高龄还畅游长江，正是这些贴近生活的爱好，帮助人们倾听自己，抱元守一。

仰观宇宙之大，俯察品类之盛，一条真正的"龙"是能上天入地的，既能当无言的造物主，俯视众生，也能当闹市的背包客，独行世间。只有倾听自己，看清生活，才能真正做到不以物喜，不以己悲，才能在纸醉金迷中看清生活的真相，发展出真正的"钝感力"。

◆ ◇ ◆

这世上有很多东西不必过于在意，比如，别人的评价怎么样，谁又看了你三眼，等等。曾国藩不是对所有的东西都保持敏感性，他对绝大部分不重要的人、不重要的事儿都淡然处之。不和过去的事儿过不去，也不和过不去的事儿过不去，不和重要的人和事儿过不去，更不和不重要的人和事儿过不去。他想通这些东西了，只把注意力集中在应该解决的问题上，不回头看，不看更远，也不纠缠于当下。他的处世就像春天的水流一样自然地在流动，而不是处处受阻，处处凝滞。我觉得他这种状态特别好，值得年轻人去学。

总结一下，所谓钝感，就是让自己变得"耐造"，要耐受辛苦。身体不能太差，心态不能太差，脾气不能太差，遇到事儿不慌张，一个问题一个问题地解决，登山耐侧路，踏雪耐危桥，吃得苦，耐得劳。

钝感力是一种内外能量平衡的结果，追求内外的一致性，人前人后的一致性，公和私的一致性，在邦无怨，在家无怨，但不必追求和别人的价值一致性，不压抑自己的真实想法，敢于表达。

没钱谁都难，
曾国藩是怎么筹到巨额资金的？

近几年，"啃老族"的具体含义已经发生了微妙的变化。网民们戏谑那些不打工者是假啃老，说出"爸，我想创业"的才是真啃老。创业失败，轻则血本无归，重则背上巨额贷款，全家遭殃。创业为什么难？其中很大一个因素就是资金问题。某企业资金链断裂，高层变卖房产，抛售股票，最后转一圈下来还是破产了。这种例子比比皆是。在生意场上，没钱寸步难行，曾国藩创办湘军之初也是一样。

我们通常讲，清朝衰败，表面上在嘉庆，实则在乾隆。嘉庆接手的是国库消耗殆尽的大清，嘉庆元年（1796）爆发的白莲教起义，就是乾隆末期民生凋敝的有效佐证。而财政没钱，也就直接导致军队素质的下降。

武器装备需要花钱置办，士兵吃饭也要钱，还得给士兵发工资，各种名目加起来就是一笔巨额开销，朝廷根本负担不起。

正所谓养兵千日，用兵一时；兵马未动，粮草先行。就像保养一辆顶级豪车，车光在那儿放着不开，每个月都是一笔巨额支出。八旗绿营军备荒废，在面对列强侵略和太平天国时不堪一击，几乎是板上钉钉的事儿。

所以，咸丰让地方办团练的另一层含义就是，中央没有钱，别指望朝廷发兵，你们自己看着办吧。等于说中央摆烂了，强行把地方的钱挤出来，组建军队，送前线去当炮灰，为朝廷争取应变时间。

曾国藩认识到仅靠地方的松散力量，根本无法与组织严密的太平军抗衡，所以，在湘军创立之初，就有一个明确的目标：打造一支强大的、完全服从于自己的军队。

而这对于捉襟见肘的地方财政来说，无异于痴人说梦。从哪儿筹第一笔钱，是个让人极其头痛的问题。入驻衡州不久，传闻四起，说中央下来的曾侍郎贱卖官职，九品官不到一百两银子。这可是扰乱市场秩序啊，省里的官僚得知此事，非常恼火。曾国藩立马甩锅给县令，一边说不是我干的，一边继续倾销官职，一年下来也只卖了五千两，杯水车薪。

曾国藩又把目光放到了湖南的地主士绅阶层，说白了，就是仗着他朝中大臣的身份走关系。这对于久居庙堂的曾国藩来说，是信手拈来的事儿，如今，他早就不再是往翰林院大门上贴大字报的"愤青"。

还真就应了那句"我终究变成了年少时最讨厌的模样"。"碎银几两，却可解万千惆怅"，在当时的朝廷，就没有不贪污的官员。官场是个大染缸，干干净净的青天大老爷，只有两条路，被排挤和饿死，永远停留在官场底层。

所以，这时候从中央下来的曾国藩，人情世故那可是玩得相当溜，这搞钱大业，在湖南正式开幕。关于筹措军费的手段，我想了个名儿，一曰文收，二曰武收。

什么叫文收呢？主打一个"雅"字，就是不费一兵一卒，仅凭三寸不烂之舌，让这些个地方豪强、士绅贵族拿钱。老曾在衡阳设了个"劝捐总局"，派人四处劝捐筹饷。

说白了，就是空手套白狼，给这些家里缺后门的有钱人，印空头支票，让他们出力。已故湖北巡抚杨健之孙杨江率先带头，说我要捐款，但有个条件，就是让曾国藩上书咸丰，准许给爷爷杨健修乡贤祠。杨江为啥要做这事儿？就是因为他爷爷当年因贪污被道光摆了一道。

如今皇帝换了，写一张奏折换几万两白银，好像不亏。曾国藩咬了咬牙，不得不冒险为贪官上奏，结果咸丰大怒，认为曾国藩给问题官员求情，将其痛骂一顿，移交吏部处理。结果呢？曾国藩被连降两级，但好在军饷有了。

有了第一次以尊严换军饷的成果，曾国藩没有懊丧，反而更加积极。为了给劝捐保驾护航，曾国藩还从朝廷那儿印了很多证书执照，来起到激励作用。

但渐渐地，这些士绅觉得这是笔糊涂账，赞助就逐渐拉不到了。这就不得不谈武收。这劝捐总局本质上是个宣传机构，没有强制执行权，想让富豪掏钱，只凭游说，不靠国家强制力，终归还是收效甚微。大地主后面都学精了，琢磨过来曾国藩光画大饼,就不掏钱,和他干瞪眼。

于是,为了保证劝捐的有效执行,使劝捐深入基层,各州、县也纷纷组建劝捐分队。一队人马拿着大砍刀,挨家挨户找人收钱,家里没银子的就以抗捐为由抓人。

前两江总督陶澍,和左宗棠是亲家,陶家是劝捐的重点对象。此时,陶澍已经过世,儿子陶桄当家。曾国藩直接狮子大开口,要五万,陶桄当然不答应啊,心想这不是仗着我爹没了欺负人吗?于是曾国藩就采取了强制措施,将陶桄五花大绑。左宗棠是个暴脾气,忍着火,好声好气找曾国藩说情,希望能通融,但被曾国藩严词拒绝,没钱别想我放人。在高情商队友胡林翼的周旋下,曾国藩才勉强同意陶家捐五千两。这事儿也使得曾、左结怨,两人一度闹僵。

但实际上,曾国藩作为团练大臣,属于一个临时性劳务派遣,到了基层是没有实权的。也就是说,勒捐抓人这个事儿并不具有官方效力。老百姓根本不听你话,也不服你,心想我好不容易种这一亩三分地,你说捐就捐啊。于是在这个强制执行的过程中,民心动乱,抗捐事件层出不穷。

为了扫清劝捐的障碍,曾国藩重启了之前在长沙饱受诟病的"湖南审案局"。这个审案局是老曾首创的,权力很大,认定你有罪,直接就可以量刑,创办之初就设在湖南巡抚衙门的隔壁。要知道,生杀予夺可是衙门才有的权力,老曾这属于越俎代庖,僭越。所以,他也因为这事儿,在长沙名声臭了,落得个"曾剃头"的骂名，以至于被排挤到衡阳。现在为了劝捐，他又不得不戴上"曾剃头"的鬼面具。

所以，我们不难推断出曾国藩是一个为达目的不择手段的角色，为了搞钱，为了筹办湘军，任凭人们怎么妖魔化自己都可以。

这劝捐制度，本质属于大范围搜刮民脂民膏，是竭泽而渔的行为，起到一个临时性镇痛的作用，想要可持续发展，确保军费的持续稳定供给，最后还要落在税收上。

在明代张居正一条鞭法实行后，货币地租取代了实物地租，白银流动加快。后来康雍时期，废除了历朝以来的人头税，摊丁入亩，没田的人就不用缴丁税，使得工商业进一步繁荣，民间的财富逐渐积累，所以，一种新兴的赋税制度——厘金制度应运而生了。

百分之一为一厘，意思就是从商品交换所得中抽成百分之一作为税收，但略有浮动，可以说，厘金制度就是在民间工商业得到发展的背景下，清政府为应对太平天国，筹措军费而产生的，起初在扬州试点，后来推广至全国。有人可能会问了，百分之一也太少了吧？这也恰恰是厘金制度的优点，虽然取量少，但架不住花样多，各种日用百货，凡是涉及商品交换的，都会被纳入厘金体系，聚少成多，就是一笔不小的数目，而且它最大的优点是稳定，受其他因素的影响较小。

后来，骆秉章在郭嵩焘的建议下也开始搞，曾国藩的靠谱好队友胡林翼敏锐察觉到厘金制度大有搞头，主动包揽，并且取得了良好的反响。

但厘金制度最大的限制是地域性，比如你湖南的兵来到江西打仗，那这儿的厘金可就不进你兜了，所以，曾国藩跟江西巡抚陈启迈也闹得十分不愉快。于是两人互相泼脏水，抓对方把柄，不择手段，结果是曾国藩更胜一筹，抓住陈包庇亲戚走私鸦片的把柄，顺势把他扳倒了。可真是你死我活啊！

除了劝捐和厘金制度所获，盐税和茶税也是军费来源大头。盐，因为其独特的商品属性，在历朝历代都被朝廷严格管控。北宋三司中就有盐铁司，敢私自贩盐，死刑没商量。明代洪武年间出台的"开中法"使得贩盐权力下放到商人，官府从中获利。到了晚清，太平天国的存在使得盐路阻塞，私盐贩卖再度兴起，而盐税就应运而生了。

去过安徽一带旅游的朋友，应该会注意到沿途有各种茶叶经销商和大片的茶叶种植园，那边就产这个，诸如黄山毛尖、六安瓜片、太平猴魁等。在当时湘军的活动范围内，茶叶往外转运贩卖，自然是得意思一下，也是一笔不小的数目。

但是无论哪种筹措军饷的办法，面临的困境之严重，问题之棘手，都是我们无法想象的。

除了上述这些制度保障，作为制度执行者的人，在筹措军饷的过程中也起到了举足轻重的作用，比如老曾就主张厉行节约，以身作则，自己睡草席，帘帐用的都是最粗劣的材料。他所拟撰的《劝诫州县四条》其四曰"崇俭朴以养廉",具体内容是"衣服饮食,事事俭约,声色洋烟,一一禁绝,不献上司,不肥家产。用之于己者有节,则取之于民者有制矣"。

正所谓上行下效,好队友胡林翼也将筹措军饷作为工作的第一要务,逢年过节不接受任何士绅的馈赠,同时要求这些纳税人,不得偷税漏税,如有违抗,严查到底。

除了这些核心人物发挥榜样带头作用,曾国藩还注重人才的起用,他设立幕府,求贤若渴。据资料统计,曾国藩的近五百位幕僚中,出身进士、举人、贡监生员的就有三百多号人,占了一大半,而且都是一些饱受儒家文化熏陶的知识分子,配合湘军经世致用,这办实事的风气,这吏治水平、办事效率,怎么可能不高?

人才、制度、执行,这三个因素互为表里,共同组成了湘军筹措军费大局,第一桶金拎在手里,才有了后来的辉煌事业。

真正白手起家的成功人士,无一例外都有这些优点:勤勉、低调、抠门。现如今火爆欧美时尚圈的 SHEIN(希音)公司的创始人,现广州首富——祖籍山东淄博的许仰天,平日里就是个"低调又抠门"的人物,从学生时代馒头蘸酱油,一直抠门到成为全球商圈举足轻重的大人物。希音的成功,除了依靠先进的供应链体系,更离不开他的榜样带头作用,毕竟一天二十个小时都在开会的领导,又有谁不佩服呢!

在我看来，曾国藩创办湘军，本质上也是一次创业。湘军本质上是民营企业，不像八旗军和绿营军等有政府拨款，它必须自筹经费。曾国藩遇到的困难远远超过我们。他所处的时代极为动荡，甚至有一段时间赤地千里、大地无光。曾国藩最开始拥有的资源很一般，钱要靠自己筹，从未打过仗，得罪过上级（咸丰帝）。可以说在一开始命运就翻云覆雨地把他从舒适区扔到了恐慌区。

在这个时候，拥有典型创业者人格的曾国藩屡败屡战，挑战不可能，打脱牙齿和血吞。从筹钱上可以看出，我们不能接受一件事儿的时候，就应该去改变。只要认准的事情，再苦再烦，也要坚定不移。搞钱文的不行来武的，先劝后勒，学会"不要脸"，敢于去争抢资源，敢于和同行叫板，一切行动服务于自己的事业。

要选择聪明过人、正直诚信、愿意赋能的商业合作伙伴，要与那些愿意和你共同承担风险、损失，愿意和你共同分享利益的人做朋友。一个人总有失败的时候，总会有需要借力的时候，一个人不能孤单地打赢所有的战斗。建立强大的人脉圈，一个靠谱的朋友和伙伴往往会成为自我发展和人生发展的基石。

最后，行有不得，反求诸己，将自己的能力开发到极致,一定要相信自己能成事儿,并付诸眼前的行动。没人生来就是王者,都是从小兵一步一步爬上来的。

所以,我不认为曾国藩一生当中有过多少灿烂的时光。他像一块日日都在雕刻自己的顽石一样,每分每秒都逆旅前行。他无数次惊醒的时刻,像极了无数个惊醒的创业者。他提醒我们有另外一种可能,要吃得苦,耐得烦,霸得蛮,不回头,往前走。

跳出舒适圈，
为什么只有曾国藩做成了湘军？

想必大家都听过"男怕入错行，女怕嫁错郎"。人的青春很短，也就使得"黄金打工年龄"很短。普通人的试错成本是极高的，人生的前几份工作，入了什么圈子，几乎决定了终身的职业规划和发展上限。

曾国藩的人生理想压根和带兵打仗没什么关系，他最想干的事儿是做学问，当个文化人。而他的终极奋斗目标，在三十岁就确定下了。在其一生中最浓墨重彩的湘军部分，其实是成功路上的支线任务，可以说，在此之前，曾国藩对打仗根本没什么兴趣，也压根不会打仗。

从零开始练湘军，对曾国藩来说，同以往的生活内容及人生理念是割裂的，是一场彻彻底底的跳出舒适圈的行动。

啥是跳出舒适圈？举个例子，为了减肥，三伏天里让你大中午从空调房蹿出去跑两公里，你不干，这就是不能跳出舒适圈。但曾国藩肯定干，因为老曾是一个精神力、信念感极其强大的人，一旦他察觉到自己状态下滑，趋于安逸，就会自我警醒，鞭策自己，强迫自己跳出舒适圈。

跳出舒适圈——当个"呆子",降低风险管理机制

最初,咸丰让地方办团练的时候,全国各地共有四十三个团练大臣奉旨干活儿。最终,唯独曾国藩一人干成了,这并不是因为曾国藩比别人聪明,而恰恰是因为曾国藩心思比较天真,没别人想得多,说白了就是呆板。

团练意味着什么,意味着可以拥有地方带兵权。自古皇权和相权,中央和地方之间的权力争夺,无非围绕着兵权,谁敢练兵,就意味着谁有威胁皇权的隐患。所以,在这一点上,其他官员比较谨慎。除此之外,要说更深一层的原因,还得回归到舒适圈上来。

电影《肖申克的救赎》中有这样一句放在当代颇有些辛辣的话:"这些墙很有趣。刚入狱的时候,你痛恨周围的高墙;慢慢地,你习惯了生活在其中;最终你会发现自己不得不依靠它而生存。这就叫体制化。"

不管体制内外,凡是萝卜坑岗位,待的时间久了,不少官员都会出现"懒作为""慢作为"的"躺平"现象。所以,在人人自危的清王朝,大部分官员对朝廷所面临的生死存亡问题,所表现出来的态度都是事不关己,高高挂起,只要不杀到我家门口,爱咋咋地。真要干点什么实事,干得好还好,干得不好,惹一身臊不说,还有降职风险,搞不好小命都丢了。所以最稳妥的方法就是不干,维持现状,在舒适圈里跳广播体操。

而曾国藩就不一样了,他也不爱干,但又真去干了,这看似矛盾的一切,不过是为了达到一种理想目标。曾国藩是一名"实干的理想家",至于做了有什么后果,怎么做,都先放一边。所以,创业之初,多多少少要带着一些敢于破局的"莽"和专注眼前的"呆"。

光有"呆"还不行,"呆"本质上是一种专注力和决策力,是为了避免陷入过度思考和对未来潜伏的隐患的焦虑,从而保留最大精力投入工作。有了专注力、决策力,还需要另一种本领来配合,那就是——狠。

曾国藩办成湘军的第二招——狠,敢为人先,卷死同行

"狠"字贯穿在湘军创办的各个方面:狠坚持,狠拒绝,狠突破,狠承担,狠钻研,狠进取。

曾国藩在创业初期,首创的可不仅仅是审案局,而是一整套湘军的成军体系——加盟连锁,这对于后来的袁世凯等近代军阀的影响是十分深远的。

一个来自北京的文官,短时间内,迅速组建几万人的军队,搁谁谁都发愁。曾国藩想了个妙招,他亲自挑选任命官员,把募兵权下放到这些人手里,只要你能凑齐五百号人,那我就特许你加入我的湘军,一律开高工资,军队的饷粮一律由我曾国藩负责,你们只管拉人头冲KPI。就这样,权力层层下放,形成了士卒—哨长—营官—统领—大帅的职位序列，而大部分统领，都是曾国藩的好友、兄弟等一众亲信，全军上下皆由此展开，统领自己招营官，营官自己招募士兵，依托血缘宗族、亲朋好友关系，组成了一张牢不可破的利益共同网络。

但实际上，比起直营店，这种连锁店模式尽管铺设很快，也存在一些隐患。类似西欧封建社会的封君封臣制，我附庸的附庸不是我的附庸。曾国藩要想跨过统领带领基层士兵，就比较有难度，也为靖港翻车埋下了伏笔。

靖港惨败后，曾国藩逐渐认识到，自己可能不是块打仗的料，于是放权给真正会打仗的武官。在发展期间，曾国藩和皇帝斗，和同僚斗，和太平军斗，和财政困难斗，都突出一个狠字。有什么困难就尽全力解决困难，冒出一个就打掉一个，绝不让问题发酵。湘军粮饷、装备问题一直很严重，尽管曾国藩自己是个传统派，对于先进火器并不偏爱，但他也没有因为财政困难而节省装备开支。

到了1864年，湘军已经坐断长江流域，形成了"曾胡""江刘"及"王左"三个派系。"曾胡"就是曾国藩和胡林翼，手下坐拥十二万人。他们不断开拓、积极进取的模式，最终对始终跳不出农民阶级局限性，被困在舒适圈里只想当"天父"，奉行享乐主义的洪秀全来说，可谓是一种降维打击。

这就不得不谈到最后一点，曾国藩跳出了一种"思想上的舒适圈"，而这恰恰就是由曾国藩的"文人风骨"衍生出来的，展现了一种不可复制的独特性。湘军组建之初，曾国藩喜欢用那些未经世事的读书人和纯朴山民，"以书生为将，以山民为兵"，就跟企业喜欢"双一流""985"高才生是一个道理，懂技术，心诚，社会经验少，没那么多花花肠子。曾国藩认为书生心思纯良，没被官场污染，心有忠义，心怀国家。而来自湖南山区的农民天性纯朴，勇敢好斗，不管是书生还是农民，在精神层面，和萎靡不振、遛鸟吸福寿膏的八旗子弟都有天壤之别。除此之外，曾国藩还非常重视军纪，隔三岔五，他都要开大会讲话，引用孔孟之道"杀身成仁""忠君报国"等思想武装士兵。他还经常搞微服私访、突击检查，亲自编写《爱民歌》，教导士兵爱民不扰民。有了思想纲领，湘军就和其他军队有了本质的区别，我们不可否认，精神力量在某种程度上大于肉体力量。

从战略目标到高效执行再到企业文化，从一无所有到势不可当的湘军成军过程，就是曾国藩不断跳出舒适圈，挑战自我极限的过程。

◆ ◇ ◆

曾国藩之所以敢于跳出舒适圈，很重要的一点在于他相信人的能力是可以培养的，而不是一成不变的。

《终身成长》里提到："进入一种思维模式，就如同进入一个新世界。在一个个人能力固定的世界里,成功需要你证明自己的聪明和天赋,证明你自己的价值;而在另一个能力可以改变的世界里,则需要你不断提高自己,不断去学习新知识,不断发展自己的潜能。""思维模式其实就是一种信念。它们是坚忍的意志,强有力的信念,但它们只是你意志的一部分,而你是可以改变自己的意志的。这就是成长型思维的重要理念。"

成长型思维和固定型思维泾渭分明。很多人困在舒适圈的背后逻辑是思维的僵化,否认了自己的成长可塑性。平庸的人,拒绝挑战,拒绝改变,拒绝批评,拒绝学习,拒绝反省。而"曾国藩们"不设限,不固化,善于反求诸己,达到了作为一个人可以达到的最大高度。曾国藩和曾国藩真正的追随者嘴里没有"不可能""我们过去就这样的""可遇而不可求""你又欺负我""差不多就行了",他们坚信,今天付出的今天不一定会回来,但总有一天会回来。

人类群星闪耀,蔚为大观。如果不能选择成为群星,至少仰视那些光。光照过的地方,万物生长。

人生三境界：
少不得顺，中不得闲，老不得逆

国学大师王国维先生在《人间词话》中写道："古今之成大事业、大学问者，必经过三种之境界：'昨夜西风凋碧树，独上高楼，望尽天涯路'，此第一境也。'衣带渐宽终不悔，为伊消得人憔悴'，此第二境也。'众里寻他千百度，蓦然回首，那人却在，灯火阑珊处'，此第三境也。"

人生不同阶段也会看到不同风景，随着年龄的增长，个人对世界的认识和体验都会发生翻天覆地的变化，年少蓬勃进取，中年名利过往，晚年返璞归真，曾国藩也提出过人生三阶段论："少年经不得顺境，中年经不得闲境，晚年经不得逆境。"

我们就以曾国藩归纳的三境界论为出发点，结合曾国藩的人生经历，探讨一下其中的玄妙哲思。

其一，少年经不得顺境。我朋友说过这样一句"雷人"的话，新生儿来到世上号哭不止的原因，是他们知道自己痛苦的人生即将开始。这话听起来颇有些悲观，但却不无道理。相信不少人身边都有一个叫作"一帆"的朋友或同学，这个名字本意是一种美好的寄托，希望孩子的人生顺风顺水，多赚钱少吃苦，但事实是，年少时太顺利了，未必是好事儿。

好事多磨，年少时期太顺只有一种原因，那就是家里有矿。这种顺，并不能代表其个人能力的突出和眼界的宽广，相反，得志过早，没有经历"天将降大任于是人也，必先苦其心志"的洗礼，很可能会养成骄奢淫逸、目中无人、不知天高地厚的毛病。

昨夜西风凋碧树，独上高楼，望尽天涯路，而曾国藩望到了什么？

湖南是个出人才的地方，险山恶水、多省毗邻的地理环境和坚忍、尚武的湖湘文化，造就了湖南人民艰苦奋斗的朴实民风。曾国藩曾说："好人半自苦中来，莫图便益。"

对于读书学习，曾国藩有一句耐字诀："一句不通，不看下句；今日不通，明日再读；今年不精，明年再读；此所谓耐也。""困时切莫间断，熬过此关，便可少进。再进再困，再熬再奋，自有亨通精进之日。"

没有困境就制造困境，想方设法让自己远离安逸。读书，对于曾国藩来说特别难，但越是艰难，曾国藩就越不信邪，也正是凭着这份耐力，曾国藩才能从穷书生摇身一变，跻身上层官僚群体，为以后的发展奠定了良好的思维底色。此所谓，"自古雄才多磨难，从来纨绔少伟男"。

读书，从来都是一件吃力不讨好的事情。相较于吃喝玩乐及时的、大量的正反馈，因读书而流逝的匆匆时光仿佛变得黯然失色。但正是埋头苦读的寂寞、咬文嚼字的耐力、顿悟通达的快乐，使得真正的收获在未来不经意间乍现，塑造着生命的轮廓。毕竟，生活比起读书，要苦上无数倍，而只有书中的豁达与智慧，才能和生活的痛苦相抵，冰消雪融，万物生长。

这就不得不谈到第二境界，所谓"中年经不得闲境"。三十而立，四十不惑，比起青葱年少时的莽撞激进与困窘，人到中年，事业发展进入稳定期，儿女成人，财务基本自由，人生大事也大多有了着落，很容易就由此进入安逸状态，通俗说法就是提前退休。

生命在于运动，六十岁之前为壮年，而人一闲下来就必定会惹是生非，使平淡如水的生活溅起些水花。比如曾携手相伴的夫妻，婚后各种不愉快，出轨闹离婚，曾经的"好丈夫"培养了各种无益的嗜好，抽烟喝酒打麻将，谨小慎微的工薪族迷恋赌博，家当亏空……类似的例子屡见不鲜，越闲越无所事事，大脑就越会被各种杂念填充，变得荒草丛生，物欲横流。

曾国藩四十岁才开始走出舒适圈，弃文从武，从零开始组建湘军，之后四处征战十多年，湘军这边刚忙活完，英法联军又打过来了。到五十四岁，他还主办洋务运动，一生都在做一些在常人眼里几乎不可能的壮举，连曾国藩自己都不得不感叹，此生中年不得闲。

诚然，曾国藩的不得闲给他招致了太多的困难，从初到地方，一无所有，被同行耻笑；到屡遭大堑，三次跳水，命悬一线；再到丁忧返乡，兵权易主。为了实现远大的人生目标，十多年来曾国藩透支着自己的身体，肺病、肝病、皮肤病、心脑血管疾病、眼疾、耳疾，几乎把他变成了一个废人。十多年间的辛酸苦辣如梦如幻，此所谓"衣带渐宽终不悔，为伊消得人憔悴"。

曾国藩的好友欧阳兆熊说，曾国藩一生有三变，最重要的一变就发生在咸丰七年（1857）前后，被放逐老家守孝期间。此时的曾国藩参悟了"道"的真谛，旷达天下，豁然开朗，从一味蛮干，我命由我不由天，到知天命，接受人生的缺憾和不完美，完成了"众里寻他千百度，蓦然回首，那人却在，灯火阑珊处"那既微妙又惊艳的惊鸿一瞥，完成了一次华丽的蜕变。

而上述这些苦难，换来的结果就是，于自己，曾国藩此生位极人臣，成为晚清四大名臣之首；于国家，平民变，办洋务，为大厦将倾的清王朝强行续命几十年，被后人尊称为"千古第一完人"，不可谓不壮哉、不痛快。

少年艰苦奋进，中年厚积薄发，晚年到了颐养天年的时候，万事万物开始回归初始形态，就不能再逼迫自己赶路了，就来到了第三层境界，"晚年经不得逆境"。

曾国藩的祖父曾告诉他："临老临老，最怕扫脚棍。""扫脚棍"是湖南地区一种棍术技法，是一招狠招，和扫堂腿类似，攻击对手的下盘，往往能一击制胜。我们知道，上了年纪的人是最怕摔跤的，常常一跤暴毙，或是卧床不起、郁郁而终，所以，年纪大了，应变能力、斗志、胜负心都在极速减退，怕的就是被对手一击扫倒，再也爬不起来。

除了这句，曾国藩的祖父还说过："晓得下塘，须知道上岸。"意思就是出来混，迟早是要还的，该金盆洗手、远离喧嚣的时候就别硬凑凑，免得最后体力不支淹死在湖底。

到了生命末期，要想从失败中东山再起，对于曾国藩来说，恐怕已是心有余而力不足。眼睁睁看着自己一生修筑的宏伟宫殿，在人生的最后阶段颓然倒塌，此时，就没人能做到泰山崩于前而色不变了。

所以，逆境和冒险，是这一阶段最忌讳的。但不幸的是，曾国藩晚年偏偏遇到"天津教案"，使得终生奋斗、本该流芳千古的"完人"遭遇了人生最严重、最致命的滑铁卢，最终身败名裂，抑郁而终，折在了刚过六十岁、步入老年的大限上。

不由得让人感叹，见好就收吧！

中国台湾作家林清玄曾以茶叶作引，大谈人生感悟："茶若相似，味不必如一。但凡茗茶，一泡苦涩，二泡甘香，三泡浓沉，四泡清冽，五泡清淡，此后，再好的茶也索然无味。诚似人生五种，年少青涩，青春芳醇，中年沉重，壮年回甘，老年无味。"

以茶为喻，我觉得，少年就像酸涩的柠檬茶，青春是鲜亮充沛的雨花茶，而立之年是清中带苦的碧螺春，四十岁是端庄回甘的龙井茶，而五十岁是沉淀留香的乌龙茶，到了六十岁则是汇聚包容的寿眉茶。

人生，就应当在最合适的年纪做最合适的事儿，品最爱的茶，就像曾国藩说的"既往不恋，当下不杂，未来不迎"。安心走好当下的每一步，顺境时不欣喜，沉得住气，逆境时不迷茫，抬得起头，脚踏实地，仰望星空，且行且高歌。

◆ ◇ ◆

再回味曾国藩的这句话，"少年经不得顺境，中年经不得闲境，老年经不得逆境"，我的理解，年轻的时候延迟满足对人生大有裨益。而中年是一个人的黄金时代，绝大多数人在这个时候已经习惯在舒适区里生存，此时不妨大胆一些，走到延展区、恐慌区，探索一些新的可能性。老年要学得更"自私"一些，爱护好自己，"且将艰巨付儿曹"，于己于家人都大有裨益。

遗憾的是，得出以上经验的曾国藩本人并没有如他所愿。他一生都在天人交战。少年在一个闭塞的乡村里苦苦挣扎；青年时候成天克己复礼；成年时候受辱受挫，最黄金的几年被弃用，差点成为一个普通得不能再普通的乡绅终老故里；晚年剿捻无功，又遇上天津教案，"内疚神明，外惭清议"，郁郁而终。不由得感叹这世上大多数事情都

"半由天意,半由人力",也更能理解曾国藩"盛时常作衰时想,上场当念下场时""花未全开月未圆,最是小满胜大全""有福不可享尽,有势不可使尽"的求缺智慧了。

第二章

进取

◆

靠谱人生的重要智慧

向上管理：曾国藩是怎样拿捏咸丰帝的？

职场管理一直是近些年来人们津津乐道的话题，前有"996是最大福报"，后有"00后整顿职场"。从一开始上行下效，到扁平化管理，到最近的"向上管理"，从你让我干什么就干什么，到我想给你干什么才干什么，无不体现着咱们打工人的大智慧。

所谓反向管理，并不是说真的去管理领导，而是发挥主观能动性，学会利用自身优势，以达到"调教"领导的目的。

这就不得不提到职场前辈曾国藩，他真正上演了什么叫"主子靠不住，咱依旧能干点大事"的戏码。

曾国藩入仕以来，经历过三朝皇帝——道光、咸丰、同治，可谓地狱难度开局。皇帝没一点儿出息，国内狼烟四起，列强虎视眈眈。

道光二十九年（1849）正月之前，曾国藩获得的都是一些虚衔。按照通俗的讲法，从最早的学术顾问，到阅卷老师，再到历史档案管理员，再到智囊团头子，乍一看倒还挺体面的，但仔细品味一下就会发现，这些职位并没有任何实际权力，根本无法施展政治抱负。

转折就发生在 1849 年正月，授礼部右侍郎。8 月，署兵部左侍郎。次年 6 月，署工部左侍郎。

礼部侍郎是个啥职务？简单来说相当于现在的副部长，这是个大官啊，但曾国藩这一时期还没开始发力，为啥？道光帝是个保守龟缩派，没有彻底的斗争决心。

嘉庆后期，康乾盛世虚幻外衣下的各种矛盾开始显露，到了道光这儿彻底绷不住了，大清的天国美梦被英国大炮轰开了一道大口子，谁来堵？道光帝节俭抠门了一辈子，为军费花着老祖宗打下来的基业，着实心疼，但在英军的步步进逼下，这位抠门皇帝还是选择了签订中国近代史上第一个不平等条约——《南京条约》。

由此可见，臣子忠心有才华，但皇帝不行，还是会有相当大的局限。

1850 年正月，道光皇帝两腿一蹬，死前颇有负罪感地说："我这辈子皇帝当得太失败了，三十年来国力没啥起色，还让英国人揍了，死后就不用进祖坟了，我不配！"

说罢，把着火的皇位扔给了年仅二十岁的咸丰皇帝，这可把咸丰小伙子愁坏了，光是道光皇帝要求不进祖坟一事就让他左右为难。正当统治阶级内部乱作一团的时候，曾国藩出现了，一封奏折如定海神针，成为全场焦点。大意如下：

自古至今，皇帝死了进太庙天经地义，是历史大势，大清不能逆行，开这个坏头。但郊配可以按照先皇的意思，因为去郊配就得上天坛，大兴国力，劳民伤财，而且大清江山万年，得给以后的皇孙们腾地方，先帝这样做是高瞻远瞩，也符合先帝一辈子清正廉洁的作风。况且，大清以孝治天下，先帝说了不郊配，咸丰帝遵守先帝的遗诏，就是孝子的典范，大家都应该跟咸丰帝学习。

概括一句话就是，该进祖坟还进祖坟，天坛作法就按先帝的意思，既给道光一个体面的淡出，又让六神无主的咸丰能坐住板凳，两边都夸了一遍，把这棘手的问题解决了。

所以啊，在职场上，发力的时机很关键。不准备跳槽的情况下，公司红红火火的时候，你干得再多再漂亮，老板也不太能记住你；挑个青黄不接、军心紊乱的时候出手，老板才会对你另眼相看。

道光帝的后事虽已办妥，但更棘手的还在后头。英国大炮轰开的口子，谁来填？两千多万两白银，相较于之后动不动上亿的赔款，不算多，但国库没钱啊，咋整？只能摊派到各地，国家赔款取自农民，地方官没工资发也只能剥削农民，啥坏事儿都让农民摊上了。就在这水深火热之中，又逢广西大旱，民不聊生，中国农民起义的最高峰——太平天国运动应运而生。1851年，广西金田村，历经四次高考的落榜生洪秀全拿着一本盗版书《劝世良言》，发动了一场规模最大的农民起义。刚开始也不过几千名武器粗劣的村夫，清政府根本没当回事儿，结果太平军在永安进行了建制，分封诸王，一路破竹北上！

当年神勇的八旗子弟武功尽失，给咸丰帝气傻了，心想我怎么养了你们一群饭桶啊！他脆弱的心灵受到了重创。这时候，看着唯唯诺诺的满朝文武，他想起了一个人——曾国藩。

曾国藩在湖南当地享有极高的声誉，又在朝廷中担任重臣，来投奔他的人自然是不少，所以他完全有组织地方军队的能力。他等来了皇帝允其练兵的圣旨，本来机会难得，然而他却以给母亲守孝推托了。

乍一看，大家会觉得曾国藩在白白浪费机会，实则相反，曾国藩看似不主动，不拒绝，不负责，实则有自己的考虑。

我们先假设第一种情况，仗打赢了，团练成了，并把太平天国一举拿下，这在朝廷里必将引起巨大轰动，使掌权者面子上挂不住。到时候，曾国藩大概率要交出军权，甚或跟林则徐的下场一样，被发配到边疆自生自灭。

第二种情况，仗打输了，那就丢人丢大了，不仅让全湖南的父老乡亲失望，而且拿捏咸丰帝的机会就会白白浪费了，老曾不敢赌这次宝贵的试错机会。

所以，老曾又耍了一个阴招，用给母亲守孝搪塞，先把这个防爆头盔套起来，这个不去的理由足够充分。由于当时国家无兵可用，咸丰帝必定会让曾国藩出山，局面就会变成曾国藩是看在咸丰的面子上，在休假期间被迫无偿加班，而绝对没有其他的想法。赢了是咸丰帝功高盖世，输了老曾也算为主子流过血，毕竟他连老娘的坟都不管了。

结果咸丰一听曾国藩要给母亲守孝，一股子傲娇劲儿上来了，在奏折中批复道："要么上任，要么守一辈子孝。"

曾国藩面露难色地接了圣旨，内心却为这步妙棋暗自得意。

这就是曾国藩教给我们的第二招：面对可能担责的重要项目，领导想让你走险棋，咱得学会装傻充愣，以不变应万变，从我自己干，变成领导让我干，再到领导求着我干。这样，即使出了什么纰漏，也不至于是最坏的结果，咱也能明哲保身。

曾国藩练兵有方，大家都知道。湘军比起太平军依靠空头支票组建起来的农民军，军备水平、思想觉悟、战斗技法、领导阶级那都是降维打击。咸丰一看，好家伙，你这是练了个军阀出来啊，不行，得拿你到战场上消耗一下。

1853年，太平天国定都天京之后，剑锋直指湖北武汉。

于是咸丰给曾国藩下了一道命令，让他率军北上增援湖北。

按照正常剧本，当初让我练兵的是皇帝，现在皇帝让我出兵，作为臣子的我应该二话不说往上冲啊，对不对？

老曾就喜欢不按套路出牌，这就是他的第三招：拿到权柄后，先把蛋糕做大。于是先派了几百人意思一下。

咸丰一看，老家伙开始藏东西了，一开始还给曾国藩戴高帽，老曾最懂这个了，就是不发兵，咸丰忍了。

10月，太平军掉转攻势，进攻安徽庐州，咸丰再次请求老曾发兵，又被高冷回绝。

11月，江忠源被太平军围困在庐州，腹背受敌，江忠源写信给曾国藩，请他出兵救援，咸丰帝也多次下旨催促。

结果，曾国藩仍然不为所动，冷着脸耗着。

咸丰帝彻底绷不住了，亲笔在曾国藩的奏折上批示：

"今观汝奏，直以数省军务一身克当，试问汝之才力能乎？否乎？平时漫自矜诩，以为无出己之右者，乃至临事，果能尽符其言甚好，若稍涉张皇，岂不贻笑于天下？着设法赶紧赴援，能早一步即得一步之益。汝能自担重任，迥非畏葸者比。言既出诸汝口，必须尽如所言，办与朕看。"

这种情绪化发言，可见咸丰气得后槽牙都咬碎了，还拿老曾没什么办法。对于曾国藩来说，现在兵养得差不多了，举国只剩他这一枚棋子能用，朝廷已经不得不依靠他，至此，他已经赢了。

后来，湘军也不负众望，成为对抗太平军的核心力量，帮大清剜掉了这颗危险的恶瘤。

从职场名不见经传的办事员，到轻松拿捏老板的经世之臣，曾国藩可谓成功打工人的典范。

当然，这些所谓"调教"老板的办法，都是建立在个人实力的基础上的。打铁还需自身硬，所以，这第一要义还是应该努力提高专业技能，好好学习，认真工作，可不是钻研什么溜须拍马、投机取巧的本领。

首先，你一定要能交付成果。别人之所以信任你，就是因为你靠谱，能交付成果。靠谱就是说到做到，想到做到，知道做到。同样一件事儿，交代给 A，他永远能给出超出预期的成果；交代给 B，他一定能给做砸。谁能"管理"上级呢？结果一目了然。所以说，为人靠谱，当然就对上级有影响力了。

降低上下级之间的沟通成本也非常重要。上级说一句话，你马上就知道他下一句是什么。上级还没说话，你就知道他想什么，其实这真的需要情商。这个情商就是要能站在比你现在位置更高的位置去思考问题，这是一个非常重要的方法论。我们为什么有时候有那么多怨言，我们为什么老不被人重视？可以反思一下，你是不是只站在自己的本位上去考虑？其实能对上级形成影响的人，是站在比现在高一级甚至高两级的位置上思考问题的。比如说你是一个主管，你要站在总监的位置思考；你是总监，你要站在副总的位置思考；你是总经理，你要站在老板的角度思考。这样，你就对上级有一个影响力，因为上级知道你处处在替他着想。

就像曾国藩，如果他总是想着怎么保命要紧，或者怎么贪点钱要紧，那他绝对不会取得后来的成就。曾国藩把所有募来的钱都看得非常紧，不会浪费一分钱。他当了五年两江总督之后才把自己欠的几千两白银还清。他弟弟曾国荃，每到一地就爱求田问舍，盖那种壮丽规模的房子，曾国藩就给他拆了，告诉他不能搞这一套。昼仅一室，夜仅一榻，要那么壮丽的屋子干吗呢？曾国藩是以澄清天下为己任的，他是站在咸丰帝的角度去思考问题的。当你站在老板的角度思考问题，你就能理解他了。你跟你的老板都能共情，你还"管理"不了他吗？

最近犯小人？曾国藩手把手教你四招

不知道大家有没有遇到过这样的同事：人前八面玲珑，人后喜欢打小报告，给人穿小鞋，靠贬低别人上位；或是仗着家里有关系，啥本事没有，在公司横着走，还总让上级给他擦屁股；或是表面上人见人夸，是别人眼里的"正派人物"，一旦涉及利益时，却比谁都狠，令人防不胜防。这些人，我给统一想了个名儿，叫小人。

子曰："唯女子与小人为难养也，近之则不逊，远之则怨。"孔子的这句话虽然具有时代性，但小人却是从古至今都令人防不胜防的存在，比如指鹿为马的赵高，鸿门宴的始作俑者曹无伤，祸乱朝纲、害死岳飞的秦桧等，小则亡国，大则亡天下。小人的危害，令人胆寒。曾国藩不怕小人，而且他最终能成功，正是因为踩在这些小人的肩膀上，把小人变成了一种资源，为其所用，不断精进。

官场遇小人，讲求一个"浑水摸鱼"

道光二十五年（1845），曾国藩升任翰林院从五品侍讲，兢兢业业干了两年，按理说马上快升官了，却被小人盯上了。

我之前提到过，曾国藩上位靠的是军机大臣穆彰阿，故穆彰阿于曾国藩有恩。穆彰阿有个远房侄子，叫穆同，当时位居鸿胪寺卿，正四品，官职比曾国藩大，啥本事没有，靠的就是穆彰阿这老官油子。当时，浙江的乡试马上开考，还差一个副考官没有合适人选，一时间皇帝举棋不定。于是关系户穆同向自己的叔叔穆彰阿求情。穆彰阿一听，眼珠一转，想起了曾国藩，因为曾国藩虽然只是个五品官，但他可以利用职务之便，经常面对面接触皇帝，自然是个优秀的传话筒。穆彰阿遂写信给曾国藩，请曾国藩看在他的面子上，帮他侄子在皇上面前求情。穆彰阿不愧是老狐狸，又暗戳戳提到曾国藩马上进入升官考核期，也得经他手，这个事儿要是办成了，一切都好说。况且曾国藩以前就是通过穆彰阿走的后门主持考试捞了一笔油水，这事儿于情于理，曾国藩都跑不了。

小人要亡你，那真是分分钟的事情。

曾国藩经常接触皇帝虽然是事实，但是地位摆在那儿，一个区区五品官，贸然向皇帝举荐，轻则被痛骂，重则掉帽子。况且这个穆同，以前是个武官，大字儿估计都不识几个，让他担任考官，简直就是口腔科医生去了肛肠科——不对口啊！

所以曾国藩想了一招——表面答应，实则搪塞。他连忙给穆彰阿写了一封信，提到若找到好机会，必全力相助，同时又把话锋一转，猛夸穆彰阿，说穆彰阿作为一品大学士说出来的话肯定比他管用。这么一来二去，由于曾国藩话里话外表现得十分真诚，穆彰阿也不好说啥，也就打个哈哈过去了。

最后的结果是啥？穆同还是揽下了这个差事，曾国藩也顺便收获了穆彰阿的好感，事业平步青云，安然度过考核期。其实，这个功劳跟曾国藩一点儿关系也没有，完全是穆彰阿自己的，而曾国藩则以不变应万变，顺利通过考验。

门庭遇小人，主打一个"斩草除根"

千防万防，家贼难防。一家之中若是出了小人，是极其难缠的，很多办法是对付外人的，而对付自家人，仿佛也只有耐心包容，虚心教导，而曾国藩给我们上了一课，及时止损，斩草除根。

曾国藩四个女儿的婚姻都是他负责的，很不幸，老曾挑女婿的眼光不是一般的差，四个女儿的婚姻生活都不太幸福。老曾虽然眼光不咋地，但作为长辈的威慑力还是拉满的。大女儿曾纪静嫁给了当时著名的藏书家袁芳瑛之子袁榆生。袁芳瑛是曾国藩的同事，人品才华俱佳，按理说儿子肯定也差不到哪儿去，但事实证明这个袁榆生可谓渣男，还没结婚就在外面吃喝嫖赌，曾纪静过门之后也一直没怀上孩子。曾纪静的哥哥曾纪泽知道这事后就写信告诉曾国藩，说妹妹过得不咋地，希望您能亲自出马修理一下袁榆生。

曾国藩教子之术高超，家里几个孩子都比较听话，所以他相信在自己的严慈相济下，这个坏小子也定能浪子回头、改邪归正。

在观察阶段，曾国藩认为袁榆生没啥大问题："尚无为非之事，惟不肯读书作字，难期有成。"所以给他找来教书先生，没想到这个从小在书香世家熏陶的女婿愣是两腿一蹬，油盐不进。曾国藩勒令其读书的计划不得不宣告破产。曾国藩说："袁婿读书之事抛荒太久，又心之所向不在此途，故不令其拜师上学。"

既然志不在此，曾国藩本着讲究经世致用、人尽其才的原则，动用自己的后门，把女婿安排到了徐州粮台，为湘军筹措军饷。这可是个锻炼人的好活儿，能在粮台办事儿，圈子里都是一些能人，相信女婿在优秀人才的影响下，一定会有所改观。

然而袁榆生的所作所为，再一次让曾国藩大跌眼镜。他刚到徐州就露出真面目，恢复了吃喝嫖赌的本性。这是活生生的"坑爹"啊！曾国藩估计怎么也想不明白，从来都是他坑别人，竟然还能让这臭小子给坑了。"袁婿樾泽强封民房，娼妓多人，本年尚未入署拜年。本日闻将带人去打保甲局，因派人去拿其家丁四人，杖责三百、一百不等。唯许满未责，令与中军同去拿娼家哈氏女子，亦掌嘴数百，发交首县管押。"

曾国藩此刻理智尚存，自己怎么也算个有头有脸的大人物，不好意思揍女婿，于是把家丁和娼妓责罚了一通。但这袁榆生真是无药可救，脸皮长在了腚上，见此情景，竟于当日夜晚吞服鸦片寻求自尽。手指甲盖都发黑了，愣是给抢救回来了。

小袁鬼门关走一遭后，发誓洗心革面，结果第二年又挪用公款六百两挥霍一空，要知道曾国藩可是连件新衣服都不买，把钱只花在刀刃上的男人啊。他忍无可忍，从此宣布和这个女婿断绝关系："袁秉桢在徐州粮台扯空银六百两，行事日益荒唐。顷令巡捕传谕，以后不许渠见我之面，入我之公馆。"要撕破脸，索性新账旧账一起算，"渠未婚而先娶妾，在金陵不住内署，不入拜年，既不认妻子，不认岳家矣。吾亦永远绝之可也"。

从此把臭小子逐出家门，永不往来，这件事儿也算是告一段落，只是可怜了大女儿曾纪静一生并未再嫁，在忧郁中死去。家门不幸，是一件让人倍感耻辱的事情，曾国藩在认清了女婿的真面目后，果断划清界限，永远不再往来。在生活中，一旦认清小人，即便是沾亲带故，也不能对其抱有幻想、慈悲之心。

江湖遇小人，采取一个"以牙还牙"

生意场上，讲求的就是一个你死我活，在现有的地盘上抢东西，撑死胆大的，饿死胆小的。立场，为筛选敌友的第一要义。

当时，对于寸土寸金的江浙地区，除了曾国藩的湘系势力，也存在其他竞争对手，比如王有龄、何桂清的势力。王有龄擅长理财聚财，所以何桂清当上两江总督时，为争夺筹饷重地，想把浙江巡抚这个核心岗安排给王有龄，但被曾国藩、胡林翼抢先一步，让自己人罗遵殿出任。

结果没过多久，太平天国直逼杭州，兵缺将寡的罗遵殿向距离最近的江南大营求援，朝廷随即派张玉良领兵驰援。这时，幕后推手何桂清站了出来，拦截张玉良，勒令他路经苏州时，务必参拜布政使王有龄。张玉良受制于人，不敢不听。到了苏州后，张玉良被王有龄拖延了整整两日。军情紧急下祭出这番操作，所有人都疑惑不解。原来王有龄有密令相传：只可救湖州，不可救杭州。于是张玉良驻步不前，而此刻守城的罗遵殿正拼死抵抗，城破之时，率妻女一同服毒殉国。

耗死罗遵殿后，何桂清、王有龄并没有见好就收，而是准备把自己人弄上去。于是他们添油加醋，污蔑罗遵殿，说他德不配位，守城无功。朝廷偏听偏信，使得壮烈殉国的罗遵殿背上了卖国贼的骂名，而王有龄则摇身一变，成了新上任的浙江巡抚。你死我活，这就是江湖。

罗遵殿壮烈牺牲，却被人拉出来鞭尸，尸首成为他人上位的垫脚石。是可忍，孰不可忍。曾国藩如果这时候跟王有龄翻脸，一定会引起朝廷的误会，加之曾国藩不是喜欢明面搞事儿的人，于是心里默默给王有龄记了一笔。后来，李秀成率领太平军再次围攻杭州，王有龄上书朝廷，几乎是哀求老曾出兵救援。曾国藩上演了同样的戏码，以彼之道，还施彼身，完全复刻了王有龄的"卑劣行径"。曾国藩派左宗棠出兵援助，却暗中让他不要急于发兵，告诉他只有让王有龄死，他才能接替王有龄出任浙江巡抚。左宗棠虽然性格刚直，但也不是听不懂人话，于是爽快答应。与此同时，又密报朝廷，泼王有龄的脏水，说他德不配位，而左宗棠恰好可以接替他的职位，"有龄在浙，官绅不和，不能驭兵，以致偾事；仍以粮尽援绝，见危授命，大节无亏"。

结果，本来日夜行军一个星期就能到的路程，左宗棠用了一个月。等到了杭州城下，哪儿还有两军交战的场景，王有龄苦等数日，早已绝望，先是服毒自杀，未遂后自缢身亡。

杭州城沦陷了，朝廷也丝毫没怪罪曾国藩，曾国藩反倒以王有龄的惨死，昭告全天下的竞争对手，敢弄我的人，这就是你们的下场。同时，左宗棠也如其所愿，摇身一变成了浙江巡抚。

在太平军的猛烈反扑下，江南大营土崩瓦解，此时，幕后推手何桂清后路已绝，成了光杆司令，狼狈地从常州逃往上海租界。曾国藩紧紧盯着何桂清，如一只饿狼，细嗅着他的踪迹。

何桂清跑路这事儿传到朝廷，上下一片哗然，曾国藩直接落井下石，上书言"疆吏以守城为大节，大臣以心迹定罪状"，直接把何桂清的罪行上升到民族、国家层面。曾国藩也将其个人好恶寄托在其中，公报私仇。没过多久，恭亲王奕䜣便发出了逮捕令，将其捉拿归案，押赴问斩，曾国藩也至此扫清了江南的障碍。

下属遇小人，采取一招"不恶而严"

《周易》中说："君子以远小人，不恶而严。"这句话告诉我们，不管多讨厌小人，都不能表露出厌恶的神色。然而，在原则性的问题上，必须严格坚持自己的立场。这种处理方式可以被概括为"不恶而严"的原则。

李世忠是一个在朝廷和起义军之间摇摆不定的小人。曾国藩四弟曾国荃的吉字营与李世忠的豫胜营挨得近，李世忠常以军需为名向曾国荃要钱要粮。曾国荃看不惯，但从战争大局考虑，湘军又需要他的这支力量，不好搞得太僵，于是写信给大哥问该怎么处理。

曾国藩回信提了四个建议：

第一，在钱财上能满足就满足，"银钱慷慨大方，绝不计较，当充裕时，则数十百万掷如粪土，当穷窘时，则解囊分润，自甘困苦"。

第二，打胜仗功劳归他，不要抢功，"一则不与争功，遇有胜仗，以全功归之，遇有保案，以优奖笼之"。

第三，沟通话要少，信要短，不要留把柄，"礼文疏淡，往还宜稀，书牍宜简，话不可多，情不可密"。

第四，但如所部士兵胆敢将手伸到你的地盘，胡搞乱来，触及法律是非，一旦查明，一律公事公办，严加惩处，没什么商量的余地。凡渠部弁勇有与百姓争讼，"适在吾辈辖境，及来诉告者，必当剖决曲直，毫不假借，请其严加惩治"。

总结一下就是，李世忠这个人不好管，但又有利用价值，所以要该松的松，该紧的紧。跟他相处要舍得花钱，有功也应该让给他。对付这样的茬子，需要靠丰厚的利益来笼络。但涉及礼义问题，要紧要严，应当做到往来稀少，废话少说，划清界限，关系不能过分紧密。其次要明辨是非，一旦他闯了祸，要追查到底，不能给他留下肆意妄为的底气。

曾国藩的这封书信简明扼要，讲述清楚和小人的沟通根本，即使到今天仍然不过时，给我们提供了遵循之道。

所以，不管是名利场、家门里，抑或是军争场、生死局，老曾用不同的手腕，尽数消灭了那些在暗中觊觎的小人势力。小人得志是一时的，而君子得志则是一世的，小人终将成为君子成功的垫脚石，而君子的成功也必将建立在小人的监督之上。真正的强者不会因为小人的卑劣行径故步自封，踌躇不前，而是见招拆招、不断精进。正所谓，与天斗，与地斗，与人斗，其乐无穷！

拒绝无效社交，打造优质朋友圈

不少同学相亲、看房、买车的时候喜欢找个"僚机"。什么是"僚机"？简而言之，就是那些跟在自己身边出言献策，在情况出现变化时及时"助攻"，帮助自己拿下心仪的妹子、房子、车子的人。曾国藩由于"公司"做得太大，人才空缺，自然求贤若渴，广纳贤士，因此身边也汇集了不少"僚机"，形成一个专属智囊团——幕僚。

湘军发迹之初，不过一万多人，他们之所以能以少胜多击败号称拥军百万的太平军，离不开曾国藩的识人之术。他慧眼识珠，知人善任，为湘军建立了一张全方位、多领域的人才网络。相比之下，太平天国管理混乱，等级森严，武强文弱，导致真正的人才多被埋没。

《西学东渐记》记载："当时各处军官，聚于曾文正之大营中者，不下二百人，大半皆怀其目的而来。总督幕府中亦有百人左右。幕府外更有候补之官员、怀才之士子，凡法律、算学、天文、机器等专门家，无不毕集，几于举全国人才之精华，汇集于此。"曾国藩麾下汇集了众多精英，且这些人才都有一个特点，在外边单干混不下去，走投无路。因此，他们的加入颇有被逼上梁山，联合"宋江"替天行道的意味，而这第一把交椅，自然由曾国藩来坐。

曾国藩一开始并不通晓人脉的作用。在北京时，有三位老师彻底塑造了曾国藩的品性，其一是我们反复提到的穆彰阿，是他的官场规则老师；其二是他的"修身"老师，一手把曾国藩栽培成一名"日记达人"的理学大师、文化泰斗唐鉴；其三是教给曾国藩"研己"的办法，使其不断克服惰性的"养性"老师倭仁。正是有了这几位老师的精心栽培，曾国藩的精神力量豁然迸发，才有了他缔造湘军的精神原动力。

正所谓，"腾蛟起凤，孟学士之词宗；紫电青霜，王将军之武库"。曾国藩搜罗天下名人志士，也创造了一间豪华"武器库"，靠的就是一招"知人善任"。老曾识人之术极强，精确知道下属是干什么活儿的料，不管你是木工、钳工还是泥瓦工，都能在包工头老曾的场子定向就业，靠自己的本事吃饭。今天就让我来说介绍几把在曾国藩家陈列着的"大宝剑"。

第一位，"五星海军上将""风纪委员"彭玉麟，中国近代海军奠基人，被湘军旧部称为"雪帅"。一个"雪"字，便可以概括他的很多特征，高洁、无瑕、冷肃。彭玉麟一生在道德层面上的修养极高，概括起来就是"不要官""不要钱""不要命"，这便是曾国藩眼里最佳臣子的形象。他听闻李鸿章的侄子李秋升光天化日强抢民女，还没等巡抚赶到现场，手里已经拎着李秋升的脑袋了。曾国藩的弟弟曾国荃战功赫赫，却好杀伐，彭玉麟听闻曾国荃大肆屠城，直接向曾国藩提出弹劾曾国荃。尽管问题出在曾国荃，但亲哥哥弹劾亲弟弟，想想就很难堪，于是曾国藩推三阻四。结果彭玉麟上书多次，动机十分专一，就是要弹劾曾国荃。曾国藩既生气又没拒绝的理由，思来想去，把彭玉麟调走了，结果他后来又弹劾不称职的将领一百多人。就像汉武帝时期的汲黯，唐太宗时期的魏征、房玄龄，军队里没有一个能办事儿、管得宽的"太平洋警察"还真不行。

第二位，"有个性的好学生""最佳门徒"李鸿章。曾国藩用人以"诚"字为根本，甭管你能力怎么样，心诚、态度端正是放在第一位的。李鸿章初到曾国藩幕府时，喜欢翘课睡大觉。有一天，他又谎称头痛赖床，但曾国藩心里门儿清，几次派人传话给他，说所有幕僚到齐才开饭。李鸿章无奈爬起，潦草披衣就座。吃饭时，曾国藩一言不发，闷头干饭，全场低气压。饭后，曾国藩严肃地说："少荃，既入我幕，我有言相告，此处所尚，唯一诚字而已。"说罢，拂袖而去。李鸿章受到了惊吓，"为之悚然"。曾国藩之所以敲打李鸿章，是因为他知道李鸿章是块好料子。后来，李鸿章戒骄戒躁，终成为一代名臣。

两人的师徒关系，恩恩怨怨，曾之于李，既像师长，又像父亲。曾、李其实是性格迥然不同的人，曾国藩古板却刚毅，李鸿章机敏但狡黠，两人曾一度闹翻，最终又重归于好。作为曾国藩一手扶植的大弟子，李鸿章在曾国藩的挽联上题写道：

"师事近三十年，薪尽火传，筑室忝为门生长；威名震九万里，内安外攘，旷世难逢天下才。"各种恩恩怨怨已被一笔勾销，心中唯有大爱。

第三位，"全能人才""湘军基石""矛盾调解员"胡林翼。曾国藩评价说："润芝之才胜我十倍。"可以说，是胡林翼成全了曾国藩，没有胡林翼，左宗棠也必不可能有所成就。伟大的毛主席的字"润之"也取自胡林翼。

胡林翼的双商俱高，文韬武略，文能提笔安天下，武能上马定乾坤，看似游刃有余，实则鞠躬尽瘁，实乃英豪。胡林翼拥有四大能力：第一，甘为人梯。左宗棠初入官场，因脾气火暴得罪了人，一度被咸丰治罪。胡林翼知道左宗棠可堪大用，于是力排众议，协调各方利益，最终死保左宗棠。别人向皇帝举荐人才，名单上十人八人，而胡林翼的名单上每次都是百余人。第二，委曲求全，顾全大局。湖广总督官文是个不折不扣的庸人，贪财好色，心胸狭隘，世人都唾骂他。但是为了大局，胡林翼苦心经营与官文的关系，好吃好喝供着官文，有功给他领，有钱给他赏，甚至认官文的小妾当妹妹，两人关系迅速升温。官文放权给胡林翼，胡林翼这才能大展身手，全力经营湖北。第三，协调各方，左右逢源。曾国藩曾如此评价胡林翼："以湖北瘠区养兵六万，月费至四十万之多，而商民不敝，吏治日懋，皆其精心默运之所致也。"湘军军费问题一直是大头，可是胡林翼凭一招"请客吃饭"笼络地方豪强，常常每至一处，题一首打油诗，吃几顿饭，几杯酒下来，钱袋子就满了。第四，心忧天下，鞠躬尽瘁。表面上看，胡林翼游刃有余，实则殚精竭虑，忧国忧民。他在策划湘军攻打安庆之际，目睹长江上的西洋轮船，大受刺激，咯血而亡，年仅四十九岁。事实上，此事只是一个诱因，胡林翼早已耗尽心血，油尽灯枯。曾国藩在日记中如是载："至胡帅船中，久谈。渠昨夜吐血甚多，委顿之至，为之忧惧。"一个为了顾全大局，透支自己的侠士，颇具英雄悲剧色彩。

第四位，"幕后顾问""国际外交官"郭嵩焘，湘军创建者之一，中国第一位驻外使节。他"亲见浙江海防之失"，心怀大志，发奋求学，后加入曾国藩的幕僚团队。曾国藩丁忧在家时，郭嵩焘站了出来，向曾国藩劝说道："公素有澄清天下之志……况且戴孝从戎，古已有之。"曾国藩深受启发，决定出山，携手郭嵩焘共谋大业，积极为湘军的建设出谋划策、募捐筹饷。太平天国运动结束后，郭嵩焘因政治失利，罢官后回到长沙书院讲学。光绪元年（1875），郭嵩焘被重新起用，成为中国首任驻外使节。他在日记《使西纪程》中，对西方的民主制度给予高度赞扬，同时对当时"夷夏之辨"观念有着清醒的认识，主张放下"天朝上国"观念，这在当时的士大夫阶层可谓一股清流。他的外交思想、民族主义观念放在当时极其超前，是一位被埋没的思想家。

第五位，"军火专家""研发部经理"洋务实干家丁日昌。

丁日昌一开始是给清政府打工的，"公司"被太平军攻破，丢了饭碗。当时曾国藩正率湘军在安徽作战，丁日昌转投其幕中，共谋军务。后来丁日昌奉命前往广东筹措军费，并发挥自己在武器制造方面的本领，监制大炮三十六尊，炮弹两千余颗，取得良好反响，受到广东军方的一致好评。丁日昌也因为制造军火成功"出圈"，备受社会各界关注。洋务运动开始后，丁日昌创办了江南制造局，标志着中国近代军事工业的产生，历史意义可谓非同凡响。

第六位，"毒舌将军""抬棺出征"的左宗棠。晚清名臣中，左宗棠最为独特，"天下不可一日无湖南，湖南不可一日无左宗棠"。梁启超评论左宗棠是"五百年以来的第一伟人"。与李鸿章的仕途顺风顺水相比，左宗棠的仕途可谓坎坷万千。作为家里的小儿子，他备受宠爱，满腹才华，三次科举却都以失败告终。现实和理想的冲撞，使得左宗棠的性格变得颇为暴戾敏感，人缘很差，但幸运的苹果却偏偏砸中左宗棠。他经世致用的理念得到了湖广总督陶澍的赏识，两人因此还成了亲家。左宗棠和胡林翼的关系也在这一时期迅速拉近，两人从世交发展为至交好友，正是胡林翼后来向曾国藩推荐了左宗棠。为太平军形势所迫，曾国藩起用左宗棠，左宗棠也不负众望，屡立奇功。太平天国覆灭后，他依然是个坚定的主战派，创设福州船政局，力办洋务，在六十五岁高龄还率兵收复新疆。中法战争期间，他力主抗法，最终病死于福州，实乃大清帝国最后的悍将。

第七位,"一生征战"刘松山。1853年,刘松山参加湘军,隶属王鑫部,王鑫去世后,刘松山继续四处征战。1860年,李秀成围攻祁门,曾国藩在大营中命悬一线,千钧一发之际,鲍超、刘松山率军杀到,冲破太平军包围圈,破军救主。解了祁门之围后,刘松山为曾国荃吉字营围攻天京打火力掩护。吉字营功成解散后,刘松山带领余部,继续征讨太平军残党。1866年,曾国藩北上剿捻,但湘军余部已经耽于安逸,不愿再北上征战,唯独刘松山站了出来。《清史稿》如是载:"时湘将久役思归,又不习北方水土,皆不原从。惟松山投袂而起,立率所部渡江。有哗饷者,诛数人而定。"剿捻期间,每每作战,刘松山常常带头冲锋,屡获奇功。后来刘松山被授予肃州镇总兵一职,驻军西北。平捻后,刘松山又准备随左宗棠出征西北,并担任左宗棠的先锋大将,并和等了自己二十多年的未婚妻在军中结婚。1870年,刘松山在甘肃金积堡之战被炮弹击中,仍然坐镇军中,最终阵亡沙场,时年三十八岁。刘松山阵亡后,他的侄子刘锦棠,承其大业,继续担任主将。收复新疆后,刘锦棠成为第一任新疆巡抚,也算告慰了叔父在天之灵。

多年来,幕僚们在曾国藩幕府中佐治,为曾国藩出谋划策,筹措军费,研制军火,处理文书,各显其能,协同互补。可以说,曾国藩走的每一步,都离不开幕僚们的支持。湘军这驾马车,驾车人是曾国藩,实则是他们在挥汗拉动。如此庞大的一个机构,完全碾压了朝廷的人才储备,但它并未像日本那样,最终形成一种凌驾于皇权之上的幕府机构。究其原因，这些人才的拥有者曾国藩是个忠贞不贰的臣子。这道由经营才干筑起的"人墙"，也最终成了大清的"裱糊纸"。

我们综观曾国藩的幕僚，其中绝大多数都是读书人出身，进士举人就占了半数。所谓道不同不相为谋，其中就包含圈层的筛选问题。诸如王鑫等乡里秀才之流，虽然和曾国藩目标一致，但是价值观冲突较大，谋事之时稍有分歧便心生间隙、分道扬镳，这样的人不能久交，反而像不听话的李鸿章、脾气火暴的左宗棠，虽然屡次冒犯曾国藩，但他们有着相同的价值观，所以曾帅仍与其相濡以沫，患难与共，同分一杯羹。这告诉我们一个道理——圈子不同，别硬融。

◆ ◇ ◆

曾国藩非常在意自己的朋友圈。他认为："择友乃人生第一要义。一生之成败，皆关乎朋友之贤否，不可不慎也！"而且关于此事他还总结出了"八交九不交"的著名原则。

所谓"八交"，就是要交"胜己者；盛德者；趣味者；每事吃亏者；直言者；志趣广大者；惠在当厄者；体人者"。所谓"九不交"，就是不交"志不同者；谀人者；恩怨颠倒者；不孝不悌者；迂人者；落井下石者；好占便宜者；德薄者；全无性情者"。

比如体人者，就是有同理心的人，大概是指和自己能够快速建立连接、沟通成本低、三观一致的人。同情心容易，同理心难。比如迂人者，大概是迂腐、认知局促狭隘、格局境界低的人，如坐井观天、河伯观海者。

曾国藩的朋友，要么能给他认知输出，要么能给他情感输出，要么能给他利益输出。对于朋友，他也非常讲究"诚"，投之以桃，报之以李。

曾国藩的交友之道在今天仍有借鉴意义。第一，我们要找朋友而不是交朋友。曾国藩不是碰到谁就让谁成为自己的朋友，而是在找，谁比他优秀他找谁。我们要找到第一流、第一线的人，跟着他学习。第二，交朋友首先是付出，而不是说你给我多少我给你多少，不是算计，不是交换。曾国藩跟任何人交友都是首先交付，其中就包括真诚和善意。第三，要观察，看什么样的人能纳入自己的朋友圈。曾国藩跟人见面后，他都要退而记其优劣，这就是观察。讲信用，无关系，有条理，无大言，少大言，都是他认为很重要的品质。而且他还总结出了一套相人的方法，邪正看眼鼻，真假看嘴唇，等等。第四，逐步追加信任。曾国藩绝对不是"用人不疑，疑人不用"的。他认为朋友是要过事儿的，不过事儿不能成朋友，这个过程其实就是在逐步追加信任。第五，自立立人，自达达人。这是蒋介石对曾国藩的评价。用曾国藩的话来讲，自己立得住，也要别人立得住，自己行得通，也要别人行得通。

穷则思变，用理性的思考缓解焦虑

电影《我不是药神》中有一句知名台词："这世界上只有一种病，穷病。"穷，确实是一种天大的不幸。曾国藩曾经是个不折不扣的穷光蛋，但是当面临贫困时，他没有病急乱投医，抱怨世事无情，而是沉下心来，理性思考，想明白自己能干啥，会干啥，并坚定不移地执行。纵观曾国藩的一生，就像过山车，从高峰坠入低谷，再从低谷冲向高峰，循环往复，曲折上升。其实，大多数人的一生都是这样，只是曾国藩选择了做一个坚定的实干派，每每遭挫，便用行动化解焦虑。

创业前期，曾国藩财务上捉襟见肘，"财穷"横断人生路。

曾国藩出身极其平凡，祖上五百年都是平头百姓。曾国藩的爷爷为了供子孙后代读书，努力奋斗，才使得曾家脱离了农民身份，在湘乡成了一名小地主。曾国藩自个儿也挺争气，一番折腾，挤进了翰林院的大门。道光二十二年（1842），曾国藩任翰林院检讨，官居七品。按理说能在京城当官，温饱肯定能达到，但是，曾国藩家里仍然穷得叮当响，甚至有个叫陈升的家丁实在受够了，和他大吵一架，卷铺盖走人了。

之所以如此，是因为当时整个国家的大环境堪忧。在国家穷的基础上，清朝又沿袭了明朝抠门的俸禄制度——公务员低薪制。这种制度，初心在于节省国库开支，但造成的结果却是很多人都贪污，不贪污就饿死。但京官不像地方官有养廉银，想贪污都没有门路。何况京城的消费又高，只凭微薄的工资根本没法负担消费，所以曾国藩在这一时期，过得甚至还不如穷酸书生时期。面对如此窘困境况，曾国藩又是如何解决的呢？一边贷款，一边搞钱。

就跟银行愿意给医生、教师、公务员等稳定收入人群放贷一样，清朝的私人钱庄也喜欢给京官们贷款。曾国藩当了十二年的京官，前前后后总共欠了两千多两白银，而他又不贪污，以至于这些债务一直到他做到两江总督时才还清。

而另一边，曾国藩在困窘的生活状况下，也不得不向现实低头，做了一回"浑小子"。啥叫"浑小子"？既不黑也不白，外浊内清，外表做个混蛋，保证自己饿不死，内在坚守自己的道德底线。曾国藩开始接受外官贿赂，如"冰敬""炭敬""别敬"等，利用手中的权力，谋一点儿灰色收入。

穷困的生活条件，也使得曾国藩养成了勤俭节约的好习惯。曾国藩在衣着方面非常俭朴，身居高位却常年穿着土布衣服，一件青缎马褂只有节日时穿，穿了三十年犹如新衣。饮食方面不贪嘴，一碗饭配一份菜，甚至成为两江总督后，在宴会上只夹面前的菜，给同行都看傻眼了。正是这种贫苦的生活使得曾国藩对理财、聚财颇有心得，也就有了他创办湘军的辉煌岁月。

白手起家，创办军队，最缺的不是兵，而是钱，这也是大多数同行做不起军队的原因。而曾国藩为了搞钱，动用了一切能动用的办法。曾国藩为了方便向朝廷要钱，主动揽下组建水师的重担，同时重用富商大贾黄冕，先后设立厘金局、盐茶局、东征局。然而，曾国藩耗费巨大精力、得罪无数同行、到处拉赞助组建的湘军水师，结果被太平军轻松团灭了，家底赔了个底朝天。这下不光是钱没了，曾国藩的斗志都被打没了。

所以，第二次穷，折戟沉沙、心力交瘁，是曾国藩的"志穷"。

海明威说过："人可以被毁灭，但绝不会被打败。"鄱阳湖惨败后，湘军节节败退，困守江西，能用的将领几乎折损殆尽，唯一的名将罗泽南也去了湖北支援胡林翼，江西只剩下曾国藩一人苦苦支撑。曾国藩在日记中写道："每闻春风之怒号，则寸心欲碎；见贼帆之上驶，则绕屋彷徨。"短短两句，道尽了曾国藩的焦虑和狼狈。

曾国藩要想干出一番事业，打破现有的利益格局，就势必会以一种激进强势的姿态来和地方官抢资源，结果同行全得罪了，自己还赔空了。在外人眼里，这真是天大的笑话！

但曾国藩的焦虑并未持续太久，他守着水师的残骸，继续加强军队建设。心诚听话但能力不行的李元度用不起来，他就写信给胡林翼和罗泽南那边，请求将彭玉麟调回江西帮忙，并请求让罗泽南前来解围。

但是，还没有等到彭玉麟回来坐热屁股，湘军又遭遇了重大失败。樟树镇之战，太平军来势汹汹，势必要把湘军一锅端。曾国藩病急乱投医，匆忙组建军队抵抗，罗泽南战死，眼看连江西都要守不住！多亏了曾国藩有颗大心脏，他还没有崩溃，依旧天天写信求援，等待弟弟曾国荃前来解围。但此时的湘军奄奄一息，灭亡近在咫尺！就在这危急之间，曙光乍现，太平军开始从江西大量撤兵。原来是太平天国起内讧了，历史就是这么充满意外。曾国藩就这样在极端困境之时，用理性的思考，配合强大的意志，挺过了这场严冬。

除了强大的意志力，曾国藩也懂得利用外界资源，修补性格缺陷。曾国藩自己生性儒缓，谨小慎微，所以他会用诸如左宗棠、李鸿章、曾国荃、鲍超等性情中人身上的能量来平衡自己，从而使得求稳的战略风格中仍不失战争艺术的厮杀本色。

在围攻天京的战略大总攻阶段，十年风云在此一举，曾国荃无视天京城易守难攻的风险，疯狂扩军备战，准备大干一场，而保守的曾国藩对于曾国荃的疯狂举动，竟破天荒给予全力支持，调动所有资源，保证弟弟的军需不断。曾国藩作为湘军主帅，必须时刻保持冷静。于是，在安庆的临时府邸中，曾国藩又建造了一间小望楼作为静室，里面除了一张垫子再无他物。曾国藩每临大事，都在其中平复心情，重塑心性。因此，前线炮火连天，曾国藩丝毫不乱，见证了太平天国的覆灭和湘军的胜利。

脱困之道，唯有自立自强。每当我们遇到人生困境、飞来横祸，致使生活陷入无边黑暗时，怨天尤人、坐以待毙没有任何作用，只有练就强大自我，在黑暗中冷静观察，理性分析，积极寻找出路，才能实现自救，最终脱离困境。

最后一次，是曾国藩的"命穷"。湘军大反攻号角吹响时，曾经看扁自己、终日和自己作对的咸丰却英年早逝。攻下安庆后，昔日友人胡林翼吐血身亡。回望一生戎马，那些名利场的参与者纷纷远去，只留下垂垂老矣的曾国藩孤身一人，百病缠身。生命这件事儿就似乎变得虚无，变得失去了意义。

慈禧上台后，曾国藩自己的身体也垮了。同治四年（1865）农历九月初九，曾国藩在日记里写道："倦甚，不愿治事。三点睡，五更醒。"九月十七："倦甚，不愿治事。又围棋一局，观人一局。"十月初二："倦甚，不愿治事。与幕府诸公鬯谈。"十月二十二："二更后倦甚，又似畏寒者，老景侵逼，颓然若难任也。"

同治八年（1869），曾国藩再悟老庄，发出了这样的感悟："静中细思，古今亿百年无有穷期，人生其间数十寒暑，仅须臾耳，当思一搏；大地数万里，不可纪极，人于其中寝处游息，昼仅一室，夜仅一榻耳，当思珍惜；古人书籍，近人著述，浩如烟海，人生目光之所能及者，不过九牛一毛耳，当思多览；事变万端，美名百途，人生才力之所能及者，不过太仓之粒耳，当思奋争。"

　　生命的穷尽，已然不能再左右曾国藩丝毫。人间六十年，如梦亦似幻，沉淀到最后的，便是曾国藩成功的经脉，纵横天地，四通八荒，已然一片巍然。老庄之道如一架梯子，使曾国藩从困顿挣扎的深渊中，爬上了中国几千年来少有人抵达的人臣巅峰，他已经不是当年桀骜不驯的"曾剃头"，而是真正的国之重器、北斗之尊。

　　曾国藩说："受不得穷，立不得品，受不得屈，做不得事。"吃得苦中苦，方为人上人。用奋斗来摆脱贫困，不仅仅使得我们在物质上变成富足的"人上人"，更能成为精神层面的"人上人"。当我们跨越贫瘠的岁月，无须回首，那些捉襟见肘、家徒四壁的苦日子也会深深烙印在记忆的最深处，在和现实的碰撞中变得严丝合缝，成为我们漫漫人生路的内在驱动力。

◆ ◇ ◆

　　穷则思变的人一定拥有变量思维。拥有变量思维，一个人就会变得像磁石一样具有吸引力。

　　不要根据你拥有的资源、认知、能力去定义一件事情的可能性。你要根据你的目标去配置、去拓展你的资源、能力和认知。

不是因为你有什么，而是因为需要你有什么。

在一个拥有变量思维的人看来，一切都可以成长，一切都可以为我所用，人的能力是没有边界的，人的可能性也是没有边界的。要拉长维度去看一件事儿，或者一个人。

而理性思考的人都是超级现实主义者。超级现实主义者有如下特征：

第一，永远要接受现实。情况已经发生了，这就是现实。少问为什么，多问自己怎么办，这是一个超级现实主义者的第一原则。

第二，从现在开始，你的每一步都为最大限度减少损失而努力。

第三，你必须调动所有的资源、认知等，在关键的节点，做唯一正确的选择。你应该坚信，在你看不到的地方，有一把钥匙在等着你。

第四，你必须减少或停止情绪上的任何内耗。内耗除了让事情更糟糕，毫无意义。

第五，超级现实主义者意味着，你要接受最坏情况的最终发生。

下属养成：曾国藩的"得意门生"李鸿章

提起李鸿章，大家并不陌生，晚清时的大红人，和日本签订《马关条约》的时候还挨了一枪子儿。有人说他是大清的裱糊匠，有人说他是大清的股肱臣，还有人说他是"东方的俾斯麦"。

提到李鸿章，就不得不谈到曾国藩、左宗棠。晚清正值中国三千年未有之大变局，涌现出无数仁人志士，其中最为耀眼的三颗星，就是曾、左、李组成的黄金铁三角。他们在近代史漫漫长夜的星幕中各自燃烧、璀璨、坠落，最终划下了不同的轨迹，任后人评说。

一颗流星愈接近坠落，便燃烧得愈旺盛，能否安然落地，就要听凭自身的造化。1870年这一年，对曾、左、李三人都意义非凡。这一年的中秋，清廷下了一道圣旨，让李鸿章接任直隶总督，赶赴天津协助曾国藩处理"天津教案"。这一年，李鸿章官运亨通，一生的波澜壮阔即将到来。李鸿章正值壮年，有钱，有兵，有地位，而与之相比，曾国藩不禁落寞了许多。这一年，也是左宗棠仕途上的滑铁卢。他不仅遭遇了军事大失败，妻女也相继病逝。

正所谓"天下风云出我辈，一入江湖岁月催。皇图霸业谈笑中，不胜人生一场醉"。李鸿章之所以能在仕途上厚积薄发，青出于蓝而胜于蓝，离不开曾国藩的一手栽培。曾国藩是天生的领袖，懂得识人用人。而李鸿章则更像一个精致的利己主义者，懂得将周围的资源最大化，为我所用。他的成功很多情况下是踩着别人的脑袋上位的。

第一阶段：知遇之恩、碰擦磨合、分道扬镳

人和人的相遇，多少带着一点儿天命的意味。曾国藩相信缘分，相信自己的第一直觉。当他看到李鸿章，"一见倾心，再见倾城"，认为李鸿章"将来必成大器"！

当时的李鸿章年轻气盛，仪表堂堂，投入曾国藩门下，成为一名"年家子"。曾国藩对李鸿章的诉求当然了如指掌，他无非就是想抓着曾国藩为自己的远大前程铺路。曾国藩就像一位溺爱门童的老师父，明知道徒弟的歪脑筋，还要一本正经地看着他胡作非为，再到自己面前承认错误。

李鸿章中了进士后，觉得自己翅膀硬了，便远离师门，出去单干了，和曾国藩的关系一度疏远。后来太平天国运动爆发，李鸿章也跟着凑热闹，打了几年败仗。随着自己的老家庐州被攻陷，狼狈之下，李鸿章拖家带口赶赴江西，再次投奔曾国藩。

按理说，曾国藩不应留他，毕竟当初是他自己选择离开的。但李鸿章很聪明，这让急需人才扩充幕僚的曾国藩，很难不心动。

为了培养"好学生"李鸿章，曾国藩费尽了心思。他看出李鸿章心性不定，飘忽浮躁，便有意对李鸿章进行调教。这让李鸿章在日常习惯养成和心境磨炼上，进步很多。一方面，李鸿章认为曾国藩事无巨细都在帮他进步，"我从师多矣，毋若此老翁之善教者，其随时、随地、随事，均有所指示"。但同时，他也觉得面前的老师父行事太过"儒缓"，三棍子打不出一个屁，根本不是一路人。两人在移军祁门和弹劾李元度事件上发生过严重分歧，事实证明，李鸿章的判断要比曾国藩明朗不少。曾国藩的责难，使得爱惜羽毛的李鸿章打算离开曾国藩。而在李鸿章离开不久，曾国藩的大营就遭到了太平军猛攻，命悬一线。曾国藩因此认为李鸿章不可共患难，心生嫌隙，致使李鸿章真正负气出走。所以，曾国藩认为，李鸿章最大的问题不在才华，而在德行。曾国藩十分看重德行，如果一个人有才无德，那就是曾国藩眼里最为卑劣的存在。两人因为性格的迥异，思考问题的模式大相径庭，说白了就是"三观不合"。

第二阶段：洗尽铅华、传承衣钵、与君共勉

1861年秋，在胡林翼的劝说下，李鸿章又回到了湘军大营。李鸿章心里清楚，当今能让他吃上一口热馒头、给他分一杯羹的人只有曾国藩，所以他选择重新投身曾幕。这一次，两人的关系从充满上下级、高低差的师生情，开始向共患难的父子情靠拢。顽固的曾国藩对李鸿章"礼貌有加于前，军国要务皆与筹商"，态度上完成了一百八十度大转变。

1861年，太平军进攻上海，上海士绅集团向曾国藩求援。但此刻的曾国荃正在围攻天京，战况胶着。李鸿章立即察觉到这是一个千载难逢的好机会，便主动请缨，仿照湘军的体例，招募了一支"淮军"开进上海。曾国藩还送了两营自己的兵，全力支持李鸿章。李鸿章不负众望，解了上海之围。曾国藩又转而推荐其担任江苏巡抚。看似李鸿章在急流勇进，曾国藩在身后推舟，实则曾国藩也是在有意扶植自己的势力。

这一时期，李鸿章真正完成了蜕变和自我建设，自立门户。而这个过程处处可以看到曾国藩的影子。曾国藩在创办水军之初就重视使用洋炮，李鸿章来上海后对此的重视程度有过之而无不及，斥巨资购置洋枪洋炮，甚至还花费天文数字的钱款雇用了一支洋枪队。湘军重视文化熏陶，崇礼行义。李鸿章来上海后，也十分重视和商绅的礼仪交往，注重文化圈层的渗透。曾国藩虽然重视幕僚人才，但湘军本质上仍完全服从于曾国藩一人的控制。李鸿章更是坐断上海，培植了一批完全从属于自己的势力，具有相当大的地方能动性。所以，李鸿章的军队从头到脚都散发着湘军的光环，而李鸿章个人举手投足间都能看出曾国藩当年的影子。在国家大局上，李鸿章更是继承了曾国藩力办洋务的政策，成为近代工业的"缔造者"。从上海、苏州的洋炮局、金陵机器局，到后来的江南制造总局、轮船招商局等，无不在当时具有划时代的意义。

李鸿章的成功，除了个人的聪明才智外，跟他的处世风格也有很大关系。首先，他不追求文人的高风亮节，不守愚忠，而是将利己实用主义发挥到了极致。其次，他接受新事物的能力强，头脑灵活。李鸿章不像是一个晚清时局中的落后官员，他的很多思维都跟国际接轨，比如十分重视科技的力量，重视教育，引入企业公司制度，让大清成功实现了回光返照，强行续命几十年。在列强眼里，李鸿章是唯一可以沟通的大清国民，对国际外交手腕的熟练度胜过曾国藩。最后，他有自己的底线和原则。为此，在弹劾李元度的问题上他不惜和曾国藩闹掰，在和左宗棠的海防和塞防之争问题上他毫不让步。

李鸿章对自己的一生，曾经如此概括："我办了一辈子的事，练兵也，海军也，都是纸糊的老虎，何尝能实在放手办理？不过勉强涂饰，虚有其表，不揭破犹可敷衍一时。如一间破屋，由裱糊匠东补西贴，居然成一净室，虽明知为纸片糊裱，然究竟决不定里面是何等材料，即有小小风雨，打成几个窟窿，随时补葺，亦可支吾对付。乃必欲爽手扯破，又未预备何等修葺材料，何种改造方式，自然真相破露，不可收拾。但裱糊匠又何术能负其责？"

首先，李鸿章在继承曾国藩衣钵的基础上，也完全复刻了湘军残酷嗜杀的特性，滥用洋人势力，残酷程度甚至使得洋枪队的长官都气愤不已。在洋枪队上耗费的资源甚至比定远、致远两艘军舰总花费还要多，肥水尽流外人田。

其次，在对待洋务上，所谓"自强求富"，实则富了李鸿章一人，时人所谓"宰相合肥天下瘦"。李鸿章不懂技术，完全迷信外国人。金陵机器局中耗费重金制作的大炮试射时当场爆炸，也并未处罚外国工程师，反而把他送到了郭嵩焘身边。江南制造总局烧掉无数资金造出来的战船依旧无法出海，相比于左宗棠的福州船政局，可谓天差地别。轮船招商局被外国人控制，拖垮了民间资本家。开平煤矿为了吸纳资金，将上好煤炭高价转卖，劣质煤炭送往北洋水师，致使甲午战争中战舰航速和视野受损。电报局完全由外国人掌控，清政府的军事密令自己人还没收到，外国人已经先行拦截浏览……

伊藤博文曾经盛赞李鸿章，说他是东方的俾斯麦。诚然，李鸿章是个极聪明的人，他可以洞悉世界的变化和国家面临的危机，熟练地使用和融入西方的国际交流规则，发挥自己的聪明才智，将大清帝国抬到世界的舞台，来采取相应的措施行动。可清政府已经烂到了骨头，纵然再多加粉饰，也无法改变这一无可撼动的事实。这顶由洋务官僚扛起的八抬大轿，终究还是崩解在了国际国内风起云涌的炮火声中……

禁毒电影《门徒》中有一句经典台词："狗没得选择，你是人，你有选择！"道尽了瘾君子痴缠于毒品的悲凉困局。我们虽然没办法选择外部的环境,但可以不断进行自我更新迭代,来适应这个飞速变化的世界。人生,也就像一种闯关游戏,我们需要不断整合利用身边的资源,在自己的领域内精耕细作,积蓄力量,突破人生的困局,才能转危为安,柳暗花明。

◆ ◇ ◆

我在领导岗位上做了很久,从曾国藩身上确实学到了很多与下属相处的实用方法。第一,我觉得曾国藩身上特别厉害的一点是他把"训"和"练"分开了。练就是技术实操的练习;训,其实就是要花时间搞文化建设。每月逢三逢八,曾国藩是要训话的,组织演唱爱民歌之类。其实这都是文化价值观的建设。我觉得作为老板有时候你得像老师一样,你不能光让人打仗,还得花时间做价值观的统一,目标的统一。为什么现在是一个观念特别撕裂的年代?因为目标不统一了,基本的价值观不统一了。华为为什么厉害?因为它有个基本法,华为基本法。很多公司,对于价值观这些东西,老板都不重视,不带头执行,每天都恨不得从手下多贪点钱,多占点便宜,你说底下的人能不想方设法占便宜吗?

第二,一定要给予员工奖励。大家都是帮你干活儿的,当他创造了超额价值时，你就要给他超额回报，你不能让大家活得都很苦。要以万人之私成就一人之功，这是什么意思？你自己有多少愿景，我觉得这都不用去怀疑，但是你不能让大家没有私心。你要理解别人的私心，人家干得好该奖就奖，公司利润少一点儿没关系。

第三，要花足够多的时间在对内交流上。曾国藩把他的时间大部分都放在对内交流上。我们知道很多老板都在对外交流，要么见客户去了，要么见投资人去了，要么见政府官员去了。但曾国藩是对内交流、对内沟通的高手。他每天都在跟他那些手下谈心，或者是当面讨论军机要务，或者书信往来表明心迹，从不间断。你看他的日记本里面，记载最多的就是跟一拨又一拨的人谈事谈心，这是非常了不起的。

和而不同：曾国藩全力支持左宗棠西征

老一辈说"这娃娃真老实"，是夸他呢；现如今"老实人"这个称呼已经被时代赋予了新的含义。在当今内卷加剧的大环境下，老实人几乎成了"稀有物种"。他们不争不抢，不以恶意揣测他人，没坏心眼儿，反倒容易吃亏，惹人唏嘘。所以，当代人混社会的第一准则就是——拒当"老实人"。

提起曾国藩，大家乍一想或许会认为他是个老实人，稍加思索后又会发现他或许是"装老实人"；但提起左宗棠，大家必然不会认为他是个老实人。左宗棠酷爱自吹自擂，与朋友往来书信中自称"诸葛亮再世"。学生时代就"好大言，每成一艺，辄先自诧"，意思是写完文章，先自我惊叹一番，觉得自己真牛。"喜为壮语惊众"，喜欢当众说一些惊人的话，引起四座惊叹。这种恃才傲物、不知天高地厚的性格，完全踩在曾国藩用人的雷点上，曾国藩那是正眼都不看他的。

左宗棠和曾国藩是两位个性鲜明的人物。有人曾做这样的比喻，说曾、左二人同读《留侯论》，曾国藩做到了"卒然临之而不惊，无故加之而不怒"，而左宗棠做到了"拔剑而起，挺身而斗"。按照弗洛伊德"自我、本我、超我"的人格结构三段式理论，左宗棠遵从内心"本我"，行事说话心直口快，刚直如一；曾国藩则喜欢克制天性，以发展"超我"的姿态接近圣人。而且这两人都有一个共同点，脾气倔强，认定的事儿从不轻易改变。左宗棠喜欢揭曾国藩的老底，曾国藩看不上左宗棠的度量，两人是天生的死对头。两人有过如胶似漆的蜜月期，也有老死不相往来的决裂期，正所谓"相爱相杀"。但是值得玩味的是，虽然明面上两人在后期彻底决裂，但暗地里却进行着各种利益往来，彼此互相帮扶、心照不宣。这集中体现在左宗棠西征期间，曾国藩对他的全力支持。

曾国藩和左宗棠两人牵上线，始于曾国藩丁忧期间。当时，多次升学失败、怒而就业的左宗棠是湖南巡抚张亮基的幕僚。咸丰二年（1852），太平天国运动如火如荼，曾国藩深感天下大乱，于是面会张亮基，共商平定大计。结果谈话期间，张亮基没说上几句，一边的左宗棠旁若无人、夸夸其谈，开口就是连珠炮，其他人连打岔的机会都没有。正当座下宾客脚趾抠地、一边的张巡抚心中无比汗颜时，端坐在一边的曾国藩却两眼放光，对面前小自己一岁的隔壁村小子赞叹不已。满腹韬略、渴望报国的左宗棠，对于创业初期门庭寥落、求贤若渴的曾国藩来说，可谓至宝。

但曾国藩还是热脸贴了冷屁股，左宗棠对曾国藩的第一印象却不咋地。在和友人的信中说道："其人正派而肯办事，但才具少欠开展。"说白了就是说曾国藩没头脑，只会端着当领导。心直口快，有啥说啥，这就是左宗棠。两人突出的性格差异，为后来闹矛盾埋下了伏笔。同年11月，曾国藩与张亮基正式开始创业，各自回到地方办团练。左宗棠在郭嵩焘、张亮基、胡林翼的邀请下，也转而投入镇压太平天国的战争当中。

左宗棠被压抑多年的军事才能终于爆发。他运筹帷幄，指导长沙军民坚守城池。经过三个月的时间，太平军无奈向北撤离，左宗棠成功守擂长沙。张亮基也因为守城有功，晋升湖广总督。

咸丰四年（1854），左宗棠又被胡林翼引荐给湖南巡抚骆秉章，在湖南境内革除时弊，编练新军，开源节流，稳定货币，于是内清四境，外援五省，接连大捷，稳定了湖南的局面，这才有了后来"天下一日不可无湖南，湖南一日不可无左宗棠"的说法。咸丰十年（1860），胡林翼再次在皇帝面前力荐左宗棠，咸丰帝遂令左宗棠以四品官员身份随曾国藩襄办军务，至此，左宗棠结束了漫长的幕僚生涯，从编外人员转为正式编制，事业稳步上升。

拿下安庆后，湘军直逼天京，形成合围之势。曾国藩忽略左宗棠平日和自己作对的细枝末节，顾全大局，把大量的军队都交给左宗棠指挥，把很多独属于他的权力直接下放给左宗棠，让其大施拳脚。左宗棠也不负众望，在浙江统兵期间，积极配合曾国藩作战，接连大捷。

两人公开交恶，始于太平天国覆灭的时候。曾国荃率军攻入南京城，发现一具焦尸，误以为是太平天国的幼天王，于是向曾国藩汇报，说洪天贵福已经死于乱军当中。曾国藩对曾国荃的军情毫不怀疑，随之上报朝廷。而左宗棠在江西的眼线收到的消息却是洪天贵福逃到了安徽广德。问题就出在这里，左宗棠没有告诉曾国藩，也没和他商量，直接上报朝廷，话里话外都在说曾国藩有二心，包庇敌人，是对皇帝的大不敬。左宗棠说谁有二心都可以，却偏偏把帽子扣在了一个为国家鞠躬尽瘁的"老实人"曾国藩身上，曾国藩哪忍得了，两人直接公开闹掰。

曾国藩立即向朝廷抗辩，左宗棠也步步进逼。直到沈葆桢调查完毕，把洪天贵福俘获，押至南昌正法后，这场论战才画上句号。曾国藩被打了老脸，挨了慈禧一顿臭骂。曾、左自此断绝了书信往来。

在这之后，左宗棠逢人便骂曾国藩，揭曾国藩的短处，数年如一日，而曾国藩却置若罔闻。当有人故意八卦，问曾国藩左宗棠这人怎么样时，他也大方承认："论兵战，吾不如左宗棠；为国尽忠，亦以季高为冠，国幸有左宗棠也。"高下立判。

太平天国覆灭后，湘军顺势被裁撤。此时，捻军在北方地区活动频繁。曾国藩身体状况急剧恶化，已无力再过问江湖事。同治五年（1866）10月，捻军在河南许昌分为东西两支，西捻军在西安以东灞桥十里坡歼灭陕西巡抚刘蓉部。

左宗棠的机会来了，朝廷任命他为陕甘总督，之前平定太平天国，他只是给曾国藩打下手的。这次西征，他成了领衔主演，虽然须发尽白，但他仍英姿不减当年，决定最后一舞。

和组建湘军初期时一样，西征面临的一个最大的难题，就是缺饷。大西北物资匮乏，风不调雨不顺，农民都穷得叮当响，根本没法筹措军费，所以需要"用东南之财赋，赡西北之甲兵"，就是调用其他省份的税收，来给养西征军。左宗棠甚至这样说："仰给各省协款，如婴儿性命寄于乳媪，乳之则生，断哺则绝也。"

至此，左宗棠和曾国藩再次被命运绑定在一起。因为曾国藩回任两江总督后，所管辖的江苏、江西、安徽，都是实打实的富庶地区，是朝廷筹饷的重要来源。

虽然前线的需求得到了朝廷的政策支持，但事实上，只有少数省份供应，"各该省历年拨解之数，有过半者，有不及一半者。惟湖北止解三分之一，河南拨解不及十分之一，广东、福建、四川欠解亦多"。之所以如此，是因为里面牵扯到人情关系。那些和左宗棠生分的省份就开摆了，拒不交钱。所以，当左宗棠听说曾国藩回任两江总督后，第一反应就是曾国藩指定要在军费上卡他脖子："我既与曾公不协，今彼总督两江，恐其隐扼我饷源，败我功也。"

然而，这次该轮到左宗棠被狠狠打脸了。曾国藩的军饷源源不断地送来，及时且足量，令左宗棠大为惊异。曾国藩的幕僚薛福成说:"文正为西征筹的饷,始终不遗余力,士马实赖以饱腾。"不仅如此,曾国藩"又选部下兵最练、将最健者,遣刘忠壮公一军西征",将资历最老的湘军营将领刘松山及其部队拨给左宗棠使用。左宗棠肃清陕甘和新疆,都倚仗刘松山部的助力。

左宗棠这个直男第一次感受到了曾国藩的温暖,对曾国藩的看法大为改观,两人关系似乎迎来了转机。但就在这一时期,曾国藩突发恶疾,仓促离世。前线的左宗棠听闻,送来一副耐人寻味的挽联:谋国之忠,知人之明,自愧不如元辅;同心若金,攻错若石,相期无负平生。

要知道,左宗棠一生放荡不羁爱自由,从没服过谁,也没向谁低过头,可就是这样一个不讲道理的愤青,却在曾国藩死后,说自己不如曾国藩,且在挽联中以晚生自称,自觉向曾国藩低头。虽说其中有死者为大的成分,但如此谦卑的态度,也只能给曾国藩一人了。

而处江湖之远的曾国藩,在临死前还在撰写刘松山的墓志铭。临终前,曾国藩多次告诫亲信,不要再找左宗棠的麻烦,自己和左宗棠的恩怨应该画上句号,别再带给下一代人。左宗棠自然投桃报李,在曾国藩去世后,协助曾国藩的儿子和俄国人谈判,担任军机大臣时多次举荐曾纪泽,大方接济曾国藩的后人,曾国藩也算得偿所愿。

杨绛说:"当你和一个人相处很舒服时,就说明对方的阅历和情商远在你之上。"是啊，那些表面上好欺负的"老实人"，说不定是千帆阅尽，仍义无反顾守护人间正道的猛士，总有冲动暴躁之徒不解风情，将那些"老实人"伤得鳞伤遍体，以至于日后良心反扑，夜不能寐。所以，做人留一线，日后好相见啊！

◆ ◇ ◆

曾国藩和左宗棠的一生恩怨不断，从曾国藩的处理方式来看，我觉得以下两点最值得我们学习。

第一，人要勇于克服自己性格上的缺陷。曾国藩自己生性儒缓，"欠才略"，胆子小，那就找来像左宗棠这样的人对冲。左宗棠胆子很大，以机会最大作为做事儿的出发点，和曾国藩以最安全作为决策出发点迥然不同。正是像左宗棠一样的猛将，突破了曾国藩给自己设立的安全边际，创造了比问题更大的空间，直接在更高维度上藐视问题，才让十几年的仗没有白打。所以，自己解决不了的问题，就找更多能人来一起解决。

第二，人要勇于突破个人好恶的局限。君子和而不同，有实力的人往往有自己坚定的信念感，有清晰明确的大局观和底线感，懂得搭建自己的框架，并把理性和感性因素分清。曾国藩虽然与左宗棠断绝了来往，但仍然表现出了极大的宽恕，以德报怨。尤其在左宗棠西征时，全力配合，关键时刻毫不含糊。

向"躺平"Say No,"卷王"曾国藩喊你学习

现在有一种人,他们一门心思扎进学海里,无爱情,无社交,无爱好,在非不可抗力环境下,随时随地、每时每刻都处于学习状态,就连睡觉时的梦话,八成都跟学习有关。这种人,我们一般称之为"卷王"。一开始,"卷王"这词儿还略带着一种揶揄的贬义,但这几年,"卷王"行为已经泛化,出了校园,甭管是打工还是创业,大家为了能多分一杯羹,都挤破了头想干掉竞争对手。曾国藩就是个名副其实的"卷王",从人生刚起步的读书时期,就表现出一种"我不入地狱,谁入地狱"的刻苦劲儿,上演了"只要卷不死,就往死里卷"的戏码。

"卷王"第一式——金榜题名,光宗耀祖,打造"卷王"宿舍

古人的宗族感,比我们现代人要强烈得多。一个家族里的话事者,大概率不是地主,而是当官的。所以要想真正混出头,得到长辈的认可和其他家族的敬仰,就得做官。所以,哪怕是

最贫苦的佃农子弟，都拼了命地考科举，更别说像曾国藩这种小地主家庭，为了防止阶层下移，便更加重视子女的教育。

作为科举最低层次的秀才考试，曾国藩整整用了九年，但就是考上秀才这一年，曾国藩开窍了，一路挺进"决赛圈"，在二十八岁的黄金年龄成功上岸，中了进士。虽然名次不咋地，但比全国平均年龄早了十年，纪晓岚、张之洞等天赋型选手也不过如此，而像我们熟知的左宗棠、江忠源，甚至是后来的神童梁启超，压根都没考上进士。

当别人挤破头考进士的时候，曾国藩又弯道超车，继续考翰林。这场考试被称为"朝考"，考中便能进入翰林院，成为社会的精英阶层。不被看好的曾国藩为了爬上金字塔，坚持给穆彰阿写信。写一次两次穆彰阿还觉得烦，但曾国藩特别执着，一写就是十多封，这反倒让穆彰阿对他刮目相看。穆彰阿在道光皇帝面前猛夸曾国藩，加上曾国藩自己也超常发挥，在努力和运气的双重加持下，取得了甲等第三名的好成绩。道光皇帝亲自阅卷时对曾国藩十分满意，又将他破格升到第二名。由于刻苦求学，曾国藩这段时间不幸染上肺病，这在当时是不治之症。肺病大作，咯血昏厥，曾国藩几乎把自己"学死"，但也许是上天眷顾，他拖着病体，顺利通过了翰林院的散馆考试，转正成功，成为一名正式的北京在编公务员。消息传到湘乡，乡亲们沸腾了，敲锣打鼓，杀鸡宰羊。湖南出了一位大官，三十岁的天才！县太爷坐轿子来和老曾家称兄道弟，曾国藩的父亲曾麟书也成功晋升"老太爷",风光无限。

殊不知,曾国藩兄弟们的噩梦才刚刚开始,因为曾国藩制订了一个伟大的计划——接弟弟们来北京,把他们也培养成高才生。他不光自己卷,还要带着自己的亲弟弟们一起卷!这是活脱脱要打造"卷王"宿舍的节奏啊!曾国藩亲自给弟弟们进行考前培训,从早到晚给他们进行模拟考试,对弟弟们尽心尽力,甚至还给他们报辅导班,送到著名私学里进行培训。但几年下来,弟弟们不仅没有一个上岸的,还对曾国藩揠苗助长的行为特别不满,集体打包袱回家了,给曾国藩弄得一头雾水。

曾国藩自己"北漂"成功,无比坚信"北上广不相信眼泪",认为弟弟们成绩差是努力不够,却忽略了很重要的一点,他混入京圈之后,平时便以北京公务员的社交规则和学习任务来要求从湖南老家风尘仆仆过来的兄弟们,但殊不知,新的生活条件、学习环境、社交风格对湖南农村来的几个兄弟来说,实在是太超前了,他们短时间根本没法转换思维。这本该是一个循序渐进的过程,但曾国藩却全然没有意识到。最后,除了综合实力比较强的曾国荃外,其他几位兄弟没少挨批。他们回湖南后,老曾还在来往的信件中表达出对兄弟们的无奈和失望。

这种认知断层,像一座天堑,横在了曾国藩和兄弟们之间,直到后来,二弟曾国潢写了封家信,曾国藩才恍然大悟,发觉自己一直用主观思维去教导弟弟,全然忽略了他们的客观水平。

曾国藩后来也想通了，告诉弟弟们如果不想读书，可以从事自己喜欢的职业，但必须修身养性。弟弟们不计前嫌，欣然接纳了自己的大哥，一直保持着家书联络，在之后湘军发展期间各显其能，功不可没。

"卷王"第二式——全家上阵，"卷"死同行，狠抓绩效考核

如果说弟弟们不是做官考学的料，曾国藩姑且放他们一马，那么对于湘军事业，曾国藩可是一点儿都不含糊，肥水不流外人田，拉着自家兄弟集体创业。

当今社会，90后、00后创业动机下降，一个很大的原因就是，独生子女比重太大。创业是摸着石头过河，黑暗中提灯行走，所以搞创业的团队，除了要有共同愿景理想，有共同的利益绑定，更需要感性的情感纽带。这也就是为啥刘备、关羽、张飞开局先拜个把子，亲情纽带永远是一层稳固的创业滤镜。

所以，在组建湘军时期，弟弟们又跟着曾国藩一起卷。像王鑫、江忠源，抑或是李元度、刘蓉，要么别人给点甜头就提桶跑路，要么稍有失职就会惹来曾国藩的不满，很大原因就是他们跟老曾之间缺乏情感纽带，而对一手调教出来的李鸿章，曾国藩便大度了许多。所以，对于自家的亲兄弟，曾国藩便大胆放手让他们加入团队。除了二弟曾国潢确实不是打仗的料，让老曾给撺回家了，曾国华、曾国葆、曾国荃那可是实打实地

上了战场，国华、国葆死后，四弟曾国荃可谓独得老曾恩宠。曾国藩不仅对他全力支持，还多次告诫他不要冒进，要稳扎稳打，生怕失去这位最珍贵的创业伙伴和仅剩的同胞兄弟。成功拿下南京城后，曾国藩也好话说尽，劝国荃解甲归田，换作别人可根本没这待遇。

除了发动全家族参与创业，争当"卷王"，曾国藩也做了一些其他同行望尘莫及的事情。操练水师就不提了，为了激发士兵们的积极性，曾国藩开出八旗绿营三倍的工资，狠挖人才。八旗兵工资低，需要经常搞副业维持生计，致使军力废弛，而曾国藩不仅开高工资，还狠抓绩效考核：一、临阵脱逃，全员下岗；二、不救友营，全员下岗；三、长官战死，全员下岗。这也就使得湘军营和营之间，兵和兵之间，兵和将之间，将和将之间，在维持利益绑定的基础上，又植入了浓厚的情感纽带，和我们上文提到的"任人唯亲"不谋而合。极其优厚的待遇和严格的绩效考核，使得湘军的"狼性文化"被彻底激发，不要命、不要钱、不要官，独树一帜。

除了优厚的福利待遇和严格的绩效考核，曾国藩还佐以完备的后勤保障制度，设立湘军粮台，内部包括文案所、内银钱所、外银钱所、军械所、火器所、侦探所、发审所、采编所等八大组织机构，这些组织机构的负责人跟朝廷没有任何关系，都是由曾国藩自己委派，独揽大权。由于水面部队机动性强，漕运方便，因此水师承担了后勤保障的职责。军队到哪儿，船就开到哪儿，随军行动，支援大营。在一艘艘战船上，还进行着各种各样军队内部的商品交换、物资配给，士兵们以军饷各取所需，花掉饷银，曾国藩也就以此实现了金币回收，防止饷银外流，形成了良性的商业闭环。这么豪华的后勤补给站，同行看了直接傻眼，连抄袭模仿都无法实现，只能疾呼一声"太卷了"！

"卷王"第三式——广纳幕僚，以身作则，亲当劳动模范

由于公司规模急剧膨胀，仅凭曾国藩的原班人马已经无法管理庞大的企业，所以曾国藩开始广纳贤士。招聘形式主要包括三种：一是老曾本人自主招募；二是内推，即心腹举荐；三是朝廷任命。幕僚大部分都是曾国藩自行招聘，小半数走内推，诸如"外交官"郭嵩焘、"神预言"赵烈文等都是由CEO曾国藩主动邀请，李鸿章等是由他人推荐进入，而像左宗棠，由于个人能力突出，则是朝廷直接委派过来支援曾国藩襄办军务的。

不管人才的推荐途径如何，落实到根本，则需要达到曾国藩的用人标准，即"德才兼备"。德，就是道德操守，即有远大理想，格局高，有共谋大业的理想。经世致用的罗泽南就是其中的杰出代表。才，就是个人才学，那些从小就成绩优异、考取功名的高才生，是曾国藩最喜欢的。比如天才少年李鸿章，老曾甚至把他当作继承人来定向培养。

尽管属下们在各自的领域都属于佼佼者，但曾国藩管理自己的幕僚仍然非常严格，苛刻程度丝毫不亚于折腾自己的亲兄弟，比如要求全军四点钟起床开会。曾国藩一生早起，勤俭节约，从未改变，而且愈到晚年，反而愈加规范自我，深受手下的爱戴敬仰。前面提到的赵烈文有一次目睹了曾国藩的生活状态，大有感悟，在日记中写道："恒见师使令俱用弁勇，左右无便给之人，口食菲薄，衣服故弊，夜则一灯荧荧，木榻独坐，扣心自问，断断不能，故不免望洋兴叹。""每餐二肴，一大碗一小碗，三簌，凡五品。不为丰，然必定之隔宿。"幕僚方宗诚也对曾国藩的住宿条件颇有感慨："当公夫人未来皖时，宴彭雪琴侍郎于内室，招予陪饮。见室中唯木榻一，竹床二，竹枕二，此外一二衣箱，无他物也。"曾国藩终其一生，都用自己的身体力行，践行了色彩鲜明的家风、军风、臣风。这种生活状态已经在他的生命中打下了深深的烙印，成为一种无形的力量，时时刻刻向外散发着能量，感染着周围的人和事儿。

其实，曾国藩光鲜亮丽的"卷王"史还有另一面，即他也多次想要"躺平"。道光二十七年（1847）、咸丰元年（1851），他都产生过回家的念头，但遭到了家人的一致反对。这时候的曾国藩已经是二品官员，还常常生出"躺平"之念，可见人在世上，都在打着一场不为人知的艰辛战斗。永远不要羡慕他人的风光，谁又知道风光背后的艰辛到底是什么！

所以，当我们遇到人生瓶颈，想要"立地成佛"，不愿前进时,不妨学学曾国藩,学习老曾如何专治各种"躺平",怎样同自己周旋,从而影响身边人。就像曾国藩所言:"再进再困,再熬再奋,自有亨通精进之日。不特习字,凡事皆有极困极难之时,打得通的,便是好汉。"

◆ ◇ ◆

聊聊"躺平"。

"躺平"是大多数人的期望,但大多数人显然不具备"躺平"的资格。有资格"躺平"的人,可能恰恰是最不"躺平"的那群人。你可以一时"躺平",但不可能一辈子"躺平"。"躺平"是以牺牲个人的将来以及家庭的前景为代价的。可以"躺平"的人,要么家境殷实,要么清心寡欲,要么有人替他负重前行——但这仍然不是一个人可以随便"躺平"的理由。上升的时候太艰难,而坠落的时候却又太容易。即使把自己放得再低,也是一名完整的社会人。只要是一名社会人,你就得承担起对自己、对家庭、对社会的责任。完全放弃所有责任的,实际上就是巨婴。"躺平"是一场黄粱美梦,但梦总有醒的时候。醒来的那一刻,即使再不情愿,也要挣扎着站起来,走出门去奋斗。"躺平"作为一种价值观,不值得提倡,但作为一种方法论,有时也具备一定的合理性。比如，在充满不确定的时代，慢就是快，小就是大。一只鹰，不是任何时候都要出击。在"躺平"时，它冷静观察，养精蓄锐，寻找和静待猎物，接着在最关键的时刻，完成致命一击。不甘于"躺平"的人，要选择成为鹰那样的猎手，即便在"躺平"的间隙，也不忘从高处俯视观察，不断寻找最重要的机会。

当个"坏学生",不守规矩,不越红线

你有没有听说过"第十名效应"?这是一个社科术语,指的是那些在学生时代,成绩排在第十名左右的学生,往往在步入社会后会取得相对较高的成就。他们基本都有相似的特质,创造力丰富,思维活跃,不太听话,有一个影响成绩的"小癖好"。说白了,就是努努力就能学好,但就是任性,不学。但是不得不承认,随着社会竞争的日益激烈,听话的"乖孩子"常常是比不过那些会装傻卖乖的"坏孩子"的。

曾国藩绝对不是个乖孩子,属于看着乖,实则一肚子坏水,暗中酝酿阴谋诡计的小孩。曾国藩小时候在老家有一个非常诡诞的绰号——闭眼蛇。相传曾国藩的曾祖父有一天晚上做梦,梦到了一条大蟒蛇从房梁上蜿蜒而下,给老爷子吓醒了,不久家丁前来报喜,说生了个大胖小子。老爷子寻思着曾孙子是蟒蛇转世,听着还挺拉风,便告知街坊邻里,这事儿就一传十、十传百地传开了。不过,人们频繁提起这件事儿,并不是因为曾国藩有过什么惊人举动,而是因为曾国藩从小眼睛就呈三角形,目光阴狠似蛇,心思重,说得少,做得绝,有啥难解决的

问题,曾国藩眼睛一闭,思考一会儿,开口便是诡计。

一个人如果太听话,啥事儿都满口答应,服服帖帖,领导也肯定不会重用他,只会认为这人心思太单纯,不能委以重任。

而太不听话的那就叫刺头,这种经常忤逆领导的人,早晚会被开除。所以,"好孩子"和"坏孩子"之间存在着的空间,就是中庸之道,即中国人最喜欢的"差不多"。听话听到差不多,守规矩守到差不多;规矩守了,但没完全守。下面我们就用曾国藩的几个实战案例来具体分析。

咸丰皇帝一上台,曾国藩就跳到咸丰面前,试探他的底线。

道光二十九年(1849),三十九岁的曾国藩当上了礼部侍郎。当满腔热血的曾国藩看到上层官僚的懒政怠政情况时,猛然意识到清王朝的缓慢腐朽正是源于朝堂内部,不禁题写了一首打油诗来表达自己愤懑的心情:"我虽置身霄汉上,器小仅济瓶与罍。似驴非驴马非马,自憎形影良可哈。"正是在曾国藩对现实失望的时候,道光驾崩了,二十岁的咸丰登基。而咸丰一上台,就做出了两个让曾国藩惊掉大牙的决定:一、罢免穆彰阿,清空他的党羽;二、广开言路,虚心纳谏。

看着小皇帝大刀阔斧的举动,曾国藩在捏了一把冷汗的同时暗自窃喜,国家有救了!于是上了一道《应诏陈言疏》,用十分辛辣的笔调将京官和地方官痛批一顿,同时还给出了解决问题的办法,就是培养出经世致用的贤才。咸丰皇帝收到奏折,对曾国藩大加赞赏,让其身兼数职。曾国藩备受鼓舞,又连续上了两道奏折,继续针砭时弊,对军队和社会问题提出改良性的建议,满怀期待。然而这次,咸丰看完曾国藩呕心沥血写的奏折,只回了一个"好"字,便束之高阁,再无音讯。事实证明,第一次只是咸丰的新官上任三把火,他并没有意识到清王朝正面临的统治危机,也并未察觉到此刻正处于世界、国家、时代的百年未有之大变局。

不久,广西民变,太平军一路破竹北上,形势越来越危急。群臣躁动,纷纷意识到这次的农民起义非同寻常,都开始积极向咸丰建言献策。然而,臣子们的一片苦心却常常被咸丰驳回。见此情景,一心报国的曾国藩坐不住了,为了点醒咸丰,他做了一件极其大胆的事儿——直接上书骂皇帝,于是就有了那道著名奏折《敬陈圣德三端预防流弊疏》。

曾国藩言辞激烈,矛头直指咸丰,话里话外都在说,这些毛病,你如果不改,大清就会毁在你手里。咸丰道行浅啊,哪能受得这种刺激,当场勃然大怒,狠狠摔了折子,就要拉曾国藩来治罪。咸丰虽然被身边的近臣劝住了,但自此和曾国藩结下了梁子,进入冷战阶段。曾国藩的目的没有达到,但是起到了另一个效果,他成功得到了咸丰的特别关照——命其前往地方办团练。

敢上书骂皇帝,这种事儿放在整个清王朝的历史里,都是炸裂般的存在,可曾国藩真的做了,而且也没受到惩罚,还接了新的任务——回老家操练湘军。曾国藩选择直接试探皇帝的底线，在得到了预期的反馈后也更加放肆地施展手脚——忤逆圣旨。

我们在工作中，若不服从领导的命令最多就是丢了工作，但封建社会，忤逆皇帝的代价是极其严重的，轻则降职降薪，重则流放杀头，而且古代都是连坐，一人闯祸全家遭殃。

但是，曾国藩敢。他可不是一个喜欢拿前途和性命开玩笑的人，他太懂怎么打擦边球了，行事总是介于好孩子和坏孩子之间，让皇帝拿他没办法，心甘情愿受其摆布。

1853年，太平军兵临武汉，咸丰想起了在湖南练兵的曾国藩，下旨命其火速支援。此时的曾国藩只有一万多兵马，而且全是新兵蛋子，没有战斗力，面对兵力盛于自己几倍的太平大军，几乎没有胜算。于是曾国藩开始和咸丰砍价，准备先派三千人去增援。咸丰一瞅，没你杀价这么狠的，必须给我全军出击。

曾国藩太懂咸丰的想法了，对于这支湘军，咸丰心里是没底的，一方面病急乱投医，希望能把湘军送到前线当炮灰；另一方面，咸丰知道八旗绿营废了，希望湘军能练出本领，帮忙收拾太平军。但曾国藩对湘军的实力十分清楚，于是开始推三阻四打太极，既不正面拒绝，也不发兵，既不产生正面冲突，也不泼咸丰凉水，好话说尽。渐渐地，咸丰率先败下阵来，还安慰曾国藩："汝之心可质天日，非独朕知。"

曾国藩在创办湘军期间，经常"走钢丝"。由于曾国藩是个京城文官，对地方业务不熟悉，手中无权，口袋没钱。为了给创业扫清道路，曾国藩到长沙后直接弄了个审案局，这其实又是一种红线边缘的试探。因为任命书上赋予了曾国藩"办理本省团练乡民，搜查土匪诸事务"的权力，至于你采取什么方法办、怎么搜查土匪，没有明文规定，所以曾国藩索性自我发挥，以"搜查土匪"的名义成立"审案局"，攫取了地方治安管理、综合执法的特权。实际上，这是衙门才有的权力，曾国藩纯属越界，但你能说他胡作非为吗？还真不能。这就告诉我们，安排任务的时候一定要规定到细则，万一遇上曾国藩这样的聪明下属，不经审批地猛造，可是实打实地闯天祸。

当时，各地的团练武装是没法突破地理限制跨省征战的，所以曾国藩的军队白手起家，受限很大，只能成团，无法成军；但是，恰逢好友江忠源被困南昌，老曾却以此当作天大的好事儿，直接上书咸丰：事急从权，恳请皇上参照江忠源"楚勇援桂"的先例，准许我的"湘勇"开赴南昌，解江忠源之围。咸丰连犹豫都没有犹豫一下，秒同意。曾国藩的计划得逞，得到了中央的红头文件，能跨省作战，就意味着可以吃其他省份的粮饷，从而不断吸纳资源，无限扩张，从"湘勇"朝着"湘军"迈进了一大步，可谓里程碑式的性质转变。打着援赣的旗号，曾国藩在咸丰的催促下，只派出了三千人来试探。结果，江忠源战死，曾国藩自己的号却练成了，练到了巅峰时期，坐拥十五万大军，可谓首屈一指，八荒无敌。

然而曾国藩有权有兵有钱，他飘了吗？也没有，这就是不守规矩的另一层保险——不越红线。

曾国藩还真没有别的把柄，不贪财，不好吃穿，不好色，纵使手底下有几千万两军费，也没见曾国藩在吃穿用度上铺张浪费——除了在晚些时候，买了个小妾，让她替自己抓牛皮癣的痒。竞争对手想搞垮他，都没有把柄，你就说服不服吧？

但是，在维护人情、在大局观上，曾国藩绝不吝啬。对于"妾大、门丁大、庖人大"、平庸无能的"废物总督"官文，曾国藩豁出老脸上奏为其争功，回北京后，给两湖三江的官员们"孝敬"几万两也绝不眨眼。为什么？因为这些同僚，就是曾国藩的事业红线。其他人曾国藩正眼都不瞧一眼，但这些大官就是曾国藩和同行斗、和朝廷斗的资本，需要多加维护。由于能笼络天下心，请求曾国藩称帝竟成众望所归。彭玉麟、胡林翼、左宗棠、彭雪芹、王闿运，甚至是太平天国的人，都曾暗喻曾国藩，让其称帝，可曾国藩常常话听一半，便连连摆手拒绝，坚决守住臣子这道红线，留下一句"倚天照海花无数，流水高山心自知"，任凭后人对其进行评判研读。

如果说，我国20世纪90年代改革开放初期，是撑死胆大的，饿死胆小的，那么21世纪的今天就是开放创新，唯一不变，就是这个时代正处于永恒变化中。那些被限制在信息围墙中的保守者、"好学生"，注定要被不守规矩的"坏学生"用石块砸破脑袋。规矩就是用来打破的，只有那些不甘平庸、不守规矩、野心勃勃的行动派，才能冲刺在时代发展的前沿狩猎，啃下那块最肥的羊尾油。同时他们也没有被利益冲昏头脑，能时刻注意，不越法律的红线。

◆ ◇ ◆

职场上，该如何避免踩到红线？

听话出活儿是基本功，做好这个，领导对你犯错的包容度会上升。

塑造自己和其他人的边界感，你的工作产出和你的上司关系最大，和同事们关系不大，少玩办公室政治，在大公司这一套没什么用。

塑造职责边界感，不要什么活儿都往身上揽，不要成为上司的工具人，不要自找麻烦。

摆正自己的位置，作为员工干活儿拿钱是最重要的，打听这个，打听那个，长此以往，必出问题。

第三章

天命

◆

找到自己的终极定位

从曾国藩身上理解运气守恒

《道德经》云:"天之道,损有余而补不足。"听起来玄而又玄,实际上,这是对命运的一种高度凝练的解释。命运无常,得失难量,但上天是公平的,绝大多数人的运气都类似,好和坏的变动会回归到一个基准值。在心理学上,也有类似的均值回归效应。曾国藩的一生可谓波谲云诡,跌宕起伏,从书生到侯爵,跨度十分之大。让我们拨开层层迷雾,一同拜会这场"天道"之盟。

据文献记载,曾国藩曾经对吴敏树和郭嵩焘两位说:"我身后要撰写碑铭必然是两位的事。别的都任你们去写,但是铭词结语,我想还是我自己来写,就一句话:'不信书,信运气,公之言,传万世。'"

曾国藩一生读书、写书,大业终成的时候偏偏说"不信书,信运气",未免让人大跌眼镜。曾国藩是一个严谨的人,把这样一句话放在自己的墓志铭上,绝不是一种不假思索的妄言。人与人的差异性,时代与时代的差异性,注定了知识的获取是一个需要精加工、和自己的生命不断磨合的过程。曾国藩在这里的意思是，不必按照别人的经验去实践、生活，而要"信运气"，即把握自己生命的脉动。每个人都有自己的活法，都在跟独一无二、为自己量身定制的周遭世界周旋。

曾国藩之所以能说出这句话，与他丰富离奇的人生经历是分不开的。

初入官场，农村小子连升十级，翻身收礼亲妈暴毙

"湖南三十七岁至二品者，本朝尚无一人。"这是道光二十七年（1847），曾国藩家书中罕见的自夸之词。难能可贵的是，安分守己的曾家内部对于族谱上突然出现的高官，宠辱不惊。遥想曾国藩刚中进士，爷爷曾玉屏语重心长地劝慰曾麟书："宽一虽点翰林，我家仍靠作田为业，不可靠他吃饭。"

道光十九年（1839）冬，曾国藩带着当时京城人身上最为稀缺的"素气"从家乡出发，赴京参加散馆考试。虽然农村和京城环境差异巨大，但曾国藩是个勤恳踏实的小子，丝毫没有被周围人的朱缨宝饰改变他学习的刻苦劲儿。顺利通过考试后，他被授予翰林院检讨一职，开始了京官的生涯。前文提到，这段时间，曾国藩过得并不如意。1852年，四十二岁的曾国藩终于等来一次翻身的机会——被派往江西充任乡试正考官。

从北京到江西，"跨过山和大海，也穿过人山人海"，曾国藩一路上吟诗作对，推杯换盏，又是会见好友吴廷栋，又是

拜访周天爵，钱袋子也渐渐鼓胀了起来。行至安徽太和县，曾国藩玩耍兴尽，顿感疲惫，便在驿站歇息。午夜时分，家丁推门而入，递给曾国藩一封书信。曾国藩定睛一看，顿觉五雷轰顶——老母亲江氏去世了。去世的日期正是曾国藩获得主考官任命书的那一天。那天，京城里的儿子欣喜若狂，感叹咸鱼翻身，湘乡的病榻上母亲却撒手人寰，自此阴阳两隔。

更何况，自曾国藩入京后，母子已经十四年未见。前往江西的旅途，是他离家最近的一次，也是最有脸面回家的一次，他满怀期待。奈何这一次，他没有等到见母亲最后一面的机会，留下无穷的遗憾。

曾国藩立即改变行程回家，此时太平军的战火已经烧到湖南，曾国藩多地辗转，最终跪在母亲灵前，痛心至极。

"余德不修，无实学而有虚名，自知当有祸变，惧之久矣。不谓天不陨灭我身，而反灾及我母。回思吾平日隐匿大罪不可胜数，一闻此信，真无地自容矣。"

曾国藩认为，是自己没有表现好，使得罪孽降临到了母亲头上，是自己"克死了"母亲，感到无地自容。此刻，和漫天飘飞的纸钱、同族兄弟的抽噎、满眼纷飞的战火相比，曾国藩顿觉他那重于泰山的朝廷二品大员身份，好似身后事一样轻如鸿毛。

江湖路漫漫，富贵险中求，败也石达开，成也石达开

母亲离世的这番打击，让曾国藩决心开辟人生的新篇章，参与到对抗太平军的事业中。但起初，咸丰帝并不看好曾国藩，他只想让湘军成为对抗太平军的炮灰。曾国藩根本不服软，憋了一股子劲儿，势必要做出名堂，又是开幕府、办水师，又是买大炮、筹军饷，对江忠源、吴文镕见死不救。但首战却遭遇靖港惨败，被石达开打得落花流水，上下一片白眼。曾国藩的自尊心受到了极大的摧毁，几欲崩溃时，天运离奇扭转，塔齐布和罗泽南在湘潭十战十胜，又把湘军盘活了。

人要倒霉，那是一连串的。咸丰五年（1855），石达开于鄱阳湖设妙计几乎全歼湘军水师。曾国藩跳江未遂，率余部困守江西，孤苦无依，惨淡经营。生死存亡之际，又遇天京事变，石达开部分裂出走。这时家乡的父亲去世，曾国藩几乎是狼狈逃回家丁忧，之后还被咸丰解除了兵权，亲手缔造的湘军付诸东流。

丁忧期间，曾国藩多次上书请求复出，朝廷不闻不问，俨然成为官方弃子。他大悟老庄，完成蜕变。石达开挥师湖南，剑指四川，势不可当。江北大营两度被破，悍将李续宾殒命三河镇，江南大营也岌岌可危，八旗绿营全线溃败，两江地区几乎全部落入太平军手中。咸丰无人可用，只能指望湘军。于是湘军统帅曾国藩堂而皇之、名正言顺升任两江总督。多年以来，

曾国藩第一次大权在握，得以重建湘军。

咸丰十年（1860），李秀成大军压境，逼近祁门。曾国藩决策失误，腹背受敌，幕僚们作鸟兽散，连李鸿章也变成"李跑跑"。曾国藩写好遗嘱，枕剑而卧。命悬一线之际，猛将鲍超杀到，喝退李秀成。李秀成未战而惧，率部西走，曾国藩再一次逃出生天。

所以，运气这种难以量化的东西，往往在一些时刻突破了主观能动性，甚至超越了个人天赋和后天努力，令人大呼奇妙。

战场之上瞬息万变，曾国藩几次命悬一线，又几次转危为安。虽说历史无法假设，但若是其中任何一个环节中缺了任何一点因素，都会促成截然不同的结果。诸般巧合，我们如果要挖掘背后的因素，用理性来组织一套精密的说辞，自然头头是道，但若是穿越回去，亲自问曾国藩自己，恐怕他也无法总结此番变化无常的原因，只能归结为两个字——运气。

人生痛点天津教案，一世英名毁于一旦

此刻的曾国藩已功成名就，位极人臣。再回首，往事一幕幕在脑海中闪过，就像做了一场黄粱梦。然而，慈禧一道出任直隶总督的圣旨，把将近耳顺之年的曾国藩的思绪拉回了现实。此时，曾国藩的身体已经被多年战事严重透支，十分孱弱，右眼完全失明，精神倦怠，只得请假休养。谁料就在这时，发生了震惊中外的"天津教案"。在处理天津教案时,曾国藩完全按照律法和外国诉求办事儿,忽略了国内舆论和人情世故,致使人人唾骂,身败名裂。这天津教案,就是曾国藩命中最后的大灾大堑,曾国藩没能挺过去,困死在这场命运的死局中。曾国藩为了躲避风头,回任两江,但仅仅两年时间,便病死于南京,结束了传奇的一生。

他历仕三朝,落魄过,辉煌过,甚至一度朝廷都看他脸色办事儿。他白手起家,击败太平军,熬死无数竞争对手,没想到最终却栽在洋人手里。他一生守护的大清王朝,就是他最宏伟的坟茔。

正如《红楼梦》开篇所言:"世人都晓神仙好,唯有功名忘不了!古今将相在何方?荒冢一堆草没了!"甭管一个人地位多高,能力多强,富贵再多,权力再大,每个人的终点都出奇地一致,那就是死亡。死亡看似是命运无解的囚笼,是牢不可破的诅咒,但直到死亡的前一秒钟,每个人仍有最后的机会去定义自己的一生。

曾国藩不是一个很有能力的人,但他一定是一个很有能量的人。他一生追求极限,自强不息。"运"乃天命,从出生呼吸第一口空气时它便悄然转动,无法被撼动;而另一半的"气"是否能良性运转,则靠我们自身驱动。运气就像道家的八卦图,是一个黑白参半的圆,喜忧参半,鸿厄交接。只有柔和处世,勤恳耕读,不弃功于寸阴,不断积蓄能量,才能让这道"公理圆环"飞速旋转起来。坚定、坚强、坚持地去做一件事儿,我们期盼已久的运气就会悄然间造访。

正如曾国藩所言:"天道忌巧,天道忌盈,天道忌贰。"毕竟机会从来都只留给有准备的人。那些守株待兔、妄想不劳而获者,只会抱怨命运的无常,哀叹命运的不公,他们注定一事无成,遗憾到老!

◆ ◇ ◆

曾国藩的一生诠释了一个很重要的观点——运气回归平均。有一个好消息,就有一个坏消息。比如他拿到江西乡试主考官的肥缺,母亲去世了。田家镇大捷,结果嘉奖的当晚就遇到了突袭。三兄弟在江西围城有好气象,结果父亲去世了。曾国荃刚拿下吉安,结果三河镇惨败,曾国华殒命。所以曾国藩认为,势不可用尽,福不可享尽,要学会惜福。

说到运气,我觉得曾国藩有三次漂亮地把握住了机会。

第一次,1852年,出任团练大臣,办了一个大团。四十多个团练大臣,只有他成功了。

第二次,和皇帝要官闹意见,赌气在家,亲近黄老,处世方式为之改变。石达开部侵袭浙江,朝廷无人可用,经李鹤年、左宗棠、胡林翼等举荐，接到皇帝圣旨，再度墨绖出征，四天内就收拾行李出发。后面用拖字诀软性抗旨，留在了对抗太平军的前线安徽。

第三次，咸丰十年（1860），江南大营被攻破。中兴四大臣在安徽宿松开会。曾国藩终于拿到了梦寐以求的署理两江总督加兵部尚书衔，开启了自己真正的统帅生涯。

我理解，命是刻在基因里的表达；而运，是认知的成果。命无法改变，而运气，往往是你种下的因果。

为什么要读书？曾国藩认为读书会金丹换骨，逆天改命。曾国藩总强调劳谦君子有终吉，他认为勤奋和谦卑就是在种因。

练好"浑"字功法，
学做黑白之间的"小灰灰"

很早以前，有部叫作《坏蛋是怎样炼成的》的都市小说很火，讲的就是主人公谢文东因为多次受人欺侮，从柔弱、老实、成绩好的乖孩子，逐渐成长为穿着中山装、人狠话不多的帮派老大的故事。按现在的话说，谢文东就是"黑化"了。现在回头再看，也忽觉主人公不过从一个极端走入了另一个极端。极端万不可取，其实，在黑白之间，还存在中间地带。今天就来说说曾国藩是如何在灰色地带游刃有余的。

"浑"字功法第一式——浑水摸大鱼

不知道小伙伴们有没有这样的疑惑，曾国藩年轻时候是靠着穆彰阿上位的，后来咸丰清剿穆党的时候，为啥没把曾国藩一块儿收拾了？这就不得不提曾国藩的"浑水摸大鱼"。

曾国藩在给友人的信中说过："察见渊中鱼者，不祥。愿阁下为璞玉之浑含，不为水晶之光明，则有以自全，而亦不失己。"意思就是慧极必伤，一个人太聪明、知道太多别人极力隐藏的事实,那就会殃及自身。

穆彰阿很喜欢曾国藩,曾国藩自己心里也门儿清。原本,凭借着师徒情分,曾国藩可以发展为穆彰阿的党羽,但曾国藩就不,一直和穆彰阿保持着不远不近、不咸不淡的关系。伴"君"如伴虎,像穆彰阿这样的大员,身边趋炎附势的宾客数不胜数,但大多是表面利益关系。跟穆彰阿打交道,抱有太强的目的性是不行的,这势必会引起穆彰阿的猜疑和考量。对于曾国藩自己来说,如果多次请穆彰阿帮忙,就会永远欠其人情,被迫成为其党羽。故曾国藩在与穆彰阿的交往过程中,十分小心,保持很强的边界感。

另外,两人在政治抱负方面存在的差异,也是曾国藩对穆彰阿敬而远之的重要原因。曾国藩一方面借着穆彰阿手里的资源上位,另一方面也敏锐地意识到,穆彰阿野心很大,他一手遮天,做事儿的动机并不是为公家造福,而是为了以权谋私,这跟曾国藩的政治抱负天差地别。为了和穆彰阿划清界限,曾国藩平日里很少登门拜访,甚至在两人交往的末期,还曾因政见不合而反目成仇。

所以,在穆彰阿被咸丰拉进黑名单"永不录用"之后,即便曾国藩是穆彰阿的徒弟,也没有被治罪。

曾国藩接下来的一招,你绝对想不到。俗话说,树倒猢狲散。在穆彰阿主动提出回老家后,平日里那些宾客都躲瘟神一样,连个送他出城的人都没有。偏偏曾国藩这个跟他划清界限的人来了，穆彰阿自然很是感动。但曾国藩意不在此，他要做给别人看，做给那些质疑他的人看，以此证明自己是一个知进退的人。后来慈禧的劲敌肃顺，之所以和曾国藩关系不错，就是因为这一点。

"浑"字功法第二式——浑水"杀"鱼，暗中达到目的

"劝人不可指其过，须先美其长。人喜则语言易入，怒则语言难入，怒胜私故也。"

道光二十八年（1848），曾国藩被授予二品侍郎，派到山东赈灾。当时，山东巡抚是和春，正黄旗人，也属于穆彰阿的党羽之一，经常跟穆彰阿攀关系。但同是穆彰阿的关系户，曾国藩的升迁速度之快令和春眼红，所以和春经常捏造事实，在朝中攻击曾国藩。曾国藩到了山东，发现和春的赈灾措施一塌糊涂，几乎是一个摆烂的状态。中央运来的赈灾粮被地方官层层克扣。和春跟地方官蛇鼠一窝，横得不行，多次出面阻挠曾国藩。曾国藩一瞅，这样下去山东要完蛋啊！

为解决山东灾情，曾国藩下定决心，准备同和春斗到底，于是多次为民请命，处处同和春作对。和春认为曾国藩太过嚣张，不把地方集团放在眼里，一气之下，决定弹劾曾国藩。

曾国藩逐渐明白过来了，以他目前的实力，想扳倒和春是不可能的，而且得罪了和春，对自己未来的发展，也是一点儿

好处没有。于是曾国藩想了一个招，他不仅没向皇帝说和春的任何坏话，还向道光举荐和春，说和春是个军事奇才，是国之栋梁，让他去广西带兵打仗，在专业的领域发光发热。

和春一看这情况，直接整不会了。面对曾国藩，和春顿觉惭愧，认为自己心胸狭隘，完全比不上曾国藩的为人，和曾国藩的关系也瞬间缓和，并发展成铁哥们儿。

除了和春，曾国藩在和左宗棠、李鸿章、沈葆桢等相处过程中，也体现出一个"浑"字。曾国藩在出任两江总督后，大力保举自己人，左宗棠出任浙江巡抚，沈葆桢出任江西巡抚，而李鸿章出任江苏巡抚。这些经由曾国藩一手扶植的手下，在揽获地方大权后都膨胀了，和曾国藩产生了权力重叠，开始忘恩负义。面对这种局面，曾国藩并没有急于收回权力，而是采取"浑"字诀对付。曾国藩的关注点在长久之计，而非一朝一夕，所以仍与他们保持友好关系。直到后来，左宗棠打小报告诬告曾氏兄弟，沈葆桢断了曾国藩的军饷，李鸿章关键时刻跑路单飞，纷纷踩中了曾国藩的雷点，曾国藩才大改脸色，跟他们老死不相往来。

这三人里，李鸿章情商最高，他比曾国藩更"浑"。一方面，他对曾国藩不支持；另一方面又一口一个"我老师"，给老曾戴高帽。曾国藩拿李鸿章没办法，于是只好对他网开一面。李鸿章可真是把曾国藩年轻时候的所作所为完美复刻，怪不得老曾选他当接班人呢。

"浑"字功法第三式——浑水"做"鱼，灰色是最好的保护色

"劲气常抱于胸而百折不挫，是非了然于心而一毫不露。"这是曾国藩对"浑"字最好的解释。曾国荃不懂，高傲急躁且狠毒。年轻的时候，曾国荃喜喝浓茶，就因为嫂子给自己沏的茶味道有点淡，就立即翻脸回家，性格之极端可见一斑。在收拾完太平天国后，曾国藩让曾国荃罢官，打包袱回家。曾国荃只觉委屈，终日意志消沉，始终不理解曾国藩的用意何在。

在这方面，曾国藩很佩服湘军名将李续宾，李续宾有两个诀窍：一是用兵"暇"字诀，一是处世"浑"字诀。暇，就是闲暇。李续宾打仗通常不紧不慢、举重若轻、游刃有余、气定神闲，这在肃杀的战争年代是一种极高的境界。曾国藩这样描述李续宾平日里的状态："公含宏渊默，大让无形，稠人广坐，终日不发一言。"我认为这是对"浑"字诀很好的说明。李续宾心有猛虎，细嗅蔷薇，他什么都知道，但终日一言不发，才能不外显，是一条真正的卧龙。

所以，在家信中，曾国藩告诫曾国荃应当学习李续宾超然物外、低调含蓄的态度："至于与官场交接，吾兄弟患在略识世态而又怀一肚皮不合时宜，既不能硬，又不能软，所以到处寡合。迪庵妙在全不识世态，其腹中虽也怀些不合时宜，却一味浑含，永不发露。"

曾国藩指出曾国荃的问题在于对事物的认识过于浅显，易陷入两极思维。而李续宾则能做到虽心怀愤懑，却能隐忍不发，是个场面人。李续宾的处世方式让曾国藩很受用。同治三年（1864），曾国藩攻克南京城的时候，部下们都建议曾国藩称帝，在打仗过程中闯下不少祸、手脚不干净的曾国荃也非常希望哥哥称帝，甚至太平天国的石达开都曾委婉地表达过类似的观点。客观地说，湘军如果真想造反，紫禁城那群吃干饭的根本没法反制，若是再跟石达开强强联合起来，清帝国灭亡那真是分分钟的事儿。但这些建议，都被曾国藩一一回绝。称帝是一件需要天时地利人和的事儿，任何一个环节出问题都会身败名裂，曾国藩自然不敢赌。他选择继续当个混子，划水摸鱼，佛系人生。

曾国藩在清末一片浑浊的鱼池中，在大鱼吃小鱼的游戏中，从一条小泥鳅逐渐吃成了一条大蛟龙，干死无数竞争对手，混成了这片大湖里的"鱼爷"。

"……浑则无往不宜。大约与人忿争，不可自求万全；白人是非，不可过于武断，此浑字之最切于实用者耳。"纵观曾国藩的一生，可谓既"清"又"浑"，浑为表，清为里。这种处世方式，放在当今的职场依然是无比受用的。表面上贪财好色，不避世俗，内心则保持纯良，坚守自己的本心，不走歪路。

曾国藩年轻的时候很直。和好友郑小珊吵架，一言不合，肆口谩骂。给皇帝上书，把腿有点残疾、本来就很敏感的咸丰气得吹胡子瞪眼，直呼要办他。就连日记上也这样写，看到美女走不动路，"狎亵大不敬"，"真如禽兽也"。要知道他的日记可是要到处传送的。

在被皇帝赶回老家，经历了漫长的至暗时刻后，他开始从直变成了真，变成了"自立立人，自达达人"的真人，也就是能够看到自己的不好，不再总觉得自己"可行可藏，可伸可屈，每见得他人不是"的人，也能看到别人的好，能够理解别人的私心，"以不尤不怨为体，以能立能达为用"。

曾国藩的真其实就是尊重事物的规律，也理解人性运作的法则。

具体来讲，该提要求的提要求，该反对的坚决反对，该装糊涂的也装糊涂。

曾国藩经常提到的"浑"，其实就是今天的灰度，就是装糊涂。他非常认可李续宾，经常夸奖李续宾"含宏渊默，大让无形，稠人广坐，终日不发一言""一味浑含，永不发露"。越是说得头头是道的人，反而越没有底层结构。在怎么对待官文上，他自己就很赞赏胡林翼的做法，就是容忍。

他认为，容而有德，忍能济事。该支持的坚决支持，要事绝不含糊。他一当了两江总督，马上破格请将，浙江巡抚左宗棠、江苏巡抚李鸿章、江西巡抚沈葆桢，天下督抚多半出自曾门。

规模远大与综理密微：
大处着眼，小处着手

想必各位小伙伴对当年王健林的金句记忆犹新："想做世界首富，这个奋斗的方向是对的，但是最好先定一个能达到的小目标，比如我先挣它一个亿。"这"亿点点"的小目标，劝退了不少头脑发热的年轻人。其实，王健林这句话还有另一半意思，即要付出和赚一个亿相匹配的努力，不要做一个只想着发财的空想家，梦可以无限大，多大都行，但功夫却是一点一滴积累的，少一滴都不行。

20世纪50年代初，胡适先生到台湾大学演讲时提到，文史社科学者应该像理工学者一样"大胆假设，小心求证"，将严密的论证过程应用于人文学科。这个观点扩展到其他领域，就是打破思维牢笼，大胆创新，并在实现愿景的过程中，尊重事实，小心翼翼，用最严谨的态度去试探、落实，一步一个脚印。曾国藩也说过类似的观点："古之成大事者，规模远大与综理密微，二者缺一不可。"

只有规模远大不行，那叫凭空发大愿，做大梦，不付诸相应的实践，只能成为空想家，溺死在幻想乡里。只有综理密微也不行，眼里只有微观没有宏观，缺乏思想、格局方面的统率、纲要，就会迷茫困顿、动力枯竭、一味蛮干，最终一事无成。所以，既要发大愿，立鸿鹄志，又要走小路，做实干家，少了任何一个，都无法取得伟大成果。

曾国藩在湘军发展史的前半段，由于初出茅庐，做事儿东一头西一头，毫无章法可言。当曾国藩临危受命，到长沙练兵的时候，他是无比兴奋膨胀的，准备大施拳脚。面对儒雅随和的湖南巡抚张亮基，曾国藩喧宾夺主，大有锋芒毕露之相。针对曾国藩想用重典以锄强暴、组建大团的观点，张亮基没有明面否定，只打哈哈说，要先和皇帝禀报为好。于是曾国藩耍小聪明，给咸丰上了一道信息非常隐晦的奏折，含糊其词。咸丰道行也浅，只批复道："悉心办理，以资防剿。"

曾国藩喜上眉梢，随即拉开阵仗。为了给自己做宣发，为了给伟大前程铺路，曾国藩弄了个不伦不类的审案局，实际上就是一个湖南省社会治安严打指挥中心。结果，过于残酷的提审程序使社会风气动乱，人人自危，不少老实巴交的农民被迫放下锄头，拿起砍刀，占山为寇。不是土匪也被曾国藩这波操作激成土匪了。湖南的地方官一看这情形，对曾国藩骂声不绝。当地的案情本是当地的官员玩弄人脉、权力推搡的太极场，现在倒好，甭管大案小案，全让外人曾国藩一锅端了，还全是清一色死刑，这无异于夺走地方官员的饭碗。所以，湖南官僚跟曾国藩明争暗斗了一段时间，结果是不可一世的曾国藩率先出局，夹着尾巴跑回衡阳。

可以说，这是曾国藩作为知识分子第一次品尝到杀伐权力的滋味。这件事儿本质上是过高的思想觉悟和战略格局，使得行为的导向高度集中而忽略了所有过程细节，以致剑走偏锋，擦枪走火。

可以看到，曾国藩在这一时期是没有综理密微的。他只一心按照自己的想法办事儿，对江湖险恶和量变引发质变的后果全然没有认知，这也就为之后的质变埋下了伏笔。

靖港惨败，曾国藩吃了人生中第一场大败仗，好不容易练出来的湘军，一会儿的工夫赔了个大半。好在另一边打湘潭的塔齐布大捷，曾国藩才有继续"作妖"的资本。也就是说，在这次失败后，曾国藩依旧没有意识到微观层面的量变积累。塔齐布、罗泽南等名将的能量还可以在一定程度上中和曾国藩的不足，但就跟玉镯子挡灾一样，毕竟能挡的次数有限，多挡几次，玉镯子就该出现裂缝，以致最终碎裂，那时，曾国藩也将无处可逃。

曾国藩重整旗鼓后，又迎来湖口惨败，败退后被围困于南昌。此时塔齐布、罗泽南也正在其他城市攻城解围。罗泽南先战死，塔齐布随后病逝，最得力的干将双双殒命，曾国藩一瞬间失去左膀右臂，平衡不支，颓然倒地。

没了得力干将能量的中和，湘军那些被忽略的问题全部凸显了出来。十几万部队得吃饭，而曾国藩兜里早就空了。于是他不得不拉下老脸，恳请江西官员给口吃的。被一口回绝后，曾国藩想起来，之前他和江西巡抚陈启迈打拉锯战，致使陈启迈身败名裂，而这件事儿引发了一连串的连锁反应。最大的陈启迈倒了，其他官员反而变本加厉，对曾国藩不闻不问。失去官僚群体的支持，曾国藩只能从乡绅地主身上抠钱，又得罪了地主群体，地主也不交钱。曾国藩又克扣百姓的盐茶厘金，致使百姓也怨声载道。曾国藩此刻举目无亲，走投无路，把目光投向了平日里与他互相敌对的咸丰。然而咸丰自始至终都把曾国藩当成一个工具人来用，现在工具坏了，又哪有修的道理？

从上到下，从里到外，曾国藩成了孤家寡人。他忧惧异常，发出了这样的感叹："士饥将困，窘若拘囚，群疑众侮，积泪涨江，以求夺此一关而不可得，何其苦也。"

曾国藩彻底崩溃了。咸丰七年（1857），当他听闻父亲去世的消息后，匆忙卷铺盖跑回了老家，一躲就是一年多。左宗棠听闻此事，也及时发来贺电嘲笑。曾国藩当然不想就这样困守老家，他给皇帝写了几封信，控诉自己留守江西时候的无助，但任凭曾国藩如何哭惨，咸丰就是不为所动。在咸丰看来，现如今太平军大势已去，少你一个曾国藩又能如何？曾国藩纵然有心杀贼，也回天乏术了。

目标决定成就，而细节则决定成败。曾国藩因为一味追求成就，忽略了细节，导致孤立无援，可谓"大胆假设，剩下的交给命运"。而在丁忧的这段时间里，曾国藩悔悟了。他终于明白,只有远大的规模是不行的,做事儿要讲方法,其中的学问并不是简单地想当然。于是他一改处世风格,变成了"大胆假设,剩下的交给行动,再剩下的交给命运"。

待曾国藩再度出山,他已经舍弃原本伟大的政治愿景和治军理想,把所有精力专注于眼前之事——铲除太平天国,结束战争。"此次之出,约旨卑思,脚踏实地,但求精而不求阔。""此次之出,恶我者,拭目以观其后效;好我者,关心而虑其失坠。"

曾国藩为了和地方官员打成一片,得到他们的支持,行事风格同以往迥然不同。"应酬周到,有信必复,公牍必于本日完毕。""无不批之禀,无不复之信。"完全放弃了自己在北京那一套死规矩,义无反顾跳进官场这污浊的大染缸之中,什么政治抱负,什么特立独行,都不如请客吃饭好使。

为了破除业障,曾国藩也放弃了原本最为精髓的治军原则。在湘军发展后期,人员构成逐渐复杂,素质也良莠不齐,诸如理学的思想武装、整肃军纪、山民为兵等理想化的带兵策略,在现实因素的冲击下,也变得如破铜烂铁,再无利用价值。对此,曾国藩睁一只眼闭一只眼,放任自流:"盖凡带勇之人,皆不免稍肥私橐。余不能禁人之不苟取,但求我身不苟取。"追求思想的同频共振,远远不如允诺士兵破城后的烧杀抢掠好使,那些带有滤镜的共同理想,在南京城一片厮杀哭喊、纸醉金迷中烟消云散。

曾国藩什么都没有了,但他也什么都有了。他从困顿中走了出来,以自己的生命周期为容器,摸索出一条条珍贵的处世规律,悉心教导自己的朋友、弟弟、后代。

咸丰八年(1858),有个叫王霞轩的人即将前往南丰任职,曾国藩耐心教导他与士绅相处之法:"宜少予以名利,而仍不说破,以养其廉耻。"生怕同僚步了自己不懂官场习气、处处树敌导致失败的后尘。

他告诉曾国荃:"至规模宜大,弟亦讲求及之。但讲阔大者,最易混入散漫一路。遇事颠顶,毫无条理,虽大亦奚足贵?等差不紊,行之可久。斯则器局宏大,无有流弊者耳!"也就是说,不要因为过大的愿景目标而东一头西一头地行事,丧失条理性。

他告诉自己的儿孙后代"即寻常器件亦当汇集品分,有条有理",此乃"勤俭人家气象"。即便是一块破布、一根线头,也应当及时收纳起来,使得一切都井井有条,这才能最终促成家族兴旺。

黄埔军校曾经将曾国藩的治军观点列为必读内容。《曾胡治兵语录》中说:"得人不外四事,曰广收、慎用、勤教、严绳。治事不外四端,曰经分、纶合、详思、约守。"关于用人,要广泛收录、谨慎使用、勤于教导、严格管理。关于做事儿,要纵向分析、横向综合、详细思考、把守简约。这些凝练的表达,也正是曾国藩综理密微的有力体现。

纵观历史伟人，都有两面性格，粗中有细，谨慎中有莽撞，二者缺一不可。豪放的大格局是气度气量，这是给别人看的；而谨慎小心是行为准则，是需要亲自落实的。大家常说，现代社会很浮躁，但说白了，归根结底是我们自己浮躁，只抓了大的看，没有沉下心来，急功近利，急于求成，而成功者永远奉行长期主义，放慢自己的节奏，专心致志做自己的事儿。

规模远大与综理密微，二者缺一不可，我们在遇到生活工作的难题时，不仅要列总纲，更要分细则，大处着眼，小处着手。逢敌敢舍我其谁、拔刀亮剑，接敌要迂回试探、谨慎出招，这样才能遇事不慌，办事不忙，成为一名内外兼修的高手。

成为领导者：轻财，律己，量宽，身先

我认为，优秀的企业领导都有一些共同的特质，概括为三个字的话，就是格局大。职场老前辈曾国藩将大格局践行为八个大字：轻财，律己，量宽，身先。

"轻财足以聚人，律己足以服人，量宽足以得人，身先足以率人。"这句话并不是曾国藩首创，而是出自明代陈继儒的《小窗幽记》。但曾国藩却用自己的行动把这二十四个字阐释得淋漓尽致。

第一，轻财足以聚人。一个人富起来从来都不是什么值得吹嘘的资本，那叫暴发户、小作坊；一个人带动一群人富起来那才是企业家、大宅门。当一个人敢于牺牲自己的利益，周全自己的下属，那势必会点燃所有人的奋斗热情。当狼王狩猎而归，把自己嘴里的肉吐出来给狼群分食，想必不会有任何一只狼想着如何谋反跳槽，而是铁了心要归顺，主动俯首称臣。正所谓"财散人聚"，曾国藩的湘军就是牢牢依托着这个原则建立起来的。

曾国藩年轻时便视金钱为身外物。道光二十九年（1849），曾国藩在给弟弟们的家信中说:"予自三十岁以来,即以做官发财为可耻,以宦囊积金遗子孙为可羞可恨,故私心立誓,总不靠做官发财以遗后人。神明鉴临,予不食言……故立定此志,决不肯以做官发财,决不肯留银钱与后人。若禄入较丰,除堂上甘旨之外,尽以周济亲戚族党之穷者。此我之素志也。"

以做官贪财为耻,不给后人攒嫁妆和学区房,不给自己攒小金库。曾国藩这种思维,即便放在现代,也绝对是相当炸裂的存在。如果收入丰厚,那钱拿来干吗呢?用来孝顺老人,接济亲戚朋友里面混得差的。曾国藩在这一时期,对金钱的理解还停留在理想层面,因为这段时间他还没有开始做企业,办湘军。到了晚年,曾国藩便有了不同的认识,他在晚年力作《挺经》中说道:"大抵军政吏治,非财用充足,竟无从下手处……仁人君子不应置理财于不讲。"意思就是,钱是很重要的,想办成任何事儿,如钱财不足,根本无从下手。所以,曾国藩最终的金钱观转变为:钱很重要,但不是因为利己才重要,而是因为跟更高层次的东西绑定在一起才重要。

曾国藩做官之后,不愿意把钱花在社交应酬、胡吃海塞上,但若有来京考试的同乡考生找到他,即便自己的经济状况已经入不敷出,他仍会自掏腰包,管吃管住。就连后来大名鼎鼎的李鸿章也曾在曾国藩家里当"考试寄宿生",还获得了曾国藩的免费补习辅导。在创办湘军时期,不贪财的本色更是让曾国藩一招鲜吃遍天。太平天国平定后,慈禧赏赐给曾国藩许多财物,曾国藩只将牌匾留下，其他都分给将士们，尽显仗义疏财本色。在曾国藩的影响下，湘军将领们大都具备优良素质，忠心耿耿。其子女也深受曾国藩金钱观的影响，曾纪泽出使外国的时候，时刻铭记父亲的教诲，吃穿用度都十分简朴，终成一代名士。而老曾家也人才辈出，代代相传。

第二，律己足以服人。自律是一场没有硝烟、没有敌人的战争，真正的敌人只有自己躁动不安、贪图安逸的内心。每个人都有惰性，曾国藩也不例外，但他从年轻的时候就保持着近乎自虐的反省，终生践行。别人想指责他品行不端都无从下手。曾国藩身上有一种罕见的狠劲儿和魄力，凡是他认定的事儿，哪怕是一条路走到黑，他也不怕撞个头破血流。他为自己定下严格的每日计划表，诸如主敬、静坐、早起、读书不二、读史、写日记、修身养气、作字、夜不出门等。这些行为习惯伴随了曾国藩的一生。

曾国藩最后一次犯病倒在了竹林中，待被背至屋内，已口不能言，只手指桌上。曾纪泽打开一看，原来是一份早已拟好的遗书："余通籍三十余年，官至极品，而学业一无所成，德行一无可许，老大徒伤，不胜悚惶惭赧。今将永别，特立四条以教汝兄弟。其四条，一曰慎独则心安；二曰主敬则身强；三曰求仁则人悦；四曰习劳则神钦。此四条为余数十年人世之得，汝兄弟记之行之，并传之于子子孙孙，则曾家可长盛不衰，代有人才。"曾纪泽念完，曾国藩手指胸口，儿女们马上意会，跪拜答应曾国藩，一定坚持此番教诲，曾国藩这才合上双眼。

"表里如一"是一种极难达到的境界，而曾国藩在这条道路上义无反顾。为了防微杜渐，他把大量时间都用于自我反省，剖析自己的内心，坚定自己的意志。据专业学者统计，曾国藩一辈子写了两千多万字，平均下来一年也得有个六七十万字，关键那会儿可没电脑打字，都是用毛笔蘸墨汁写的。想想看，这得花费多少个日夜。每念及此，我都如坐针毡，心生愧疚。

第三，量宽足以得人。一方面要有容乃大。每个人都不是完美的，对待他人要给予宽容，要能兼容别人的缺点。另一方面要内心强大，抗压力强，能经受住外部环境的剧烈变化。

曾国藩二十多岁的时候曾经来到岳麓书院学习。有一天他来得早，便选了一个心仪的靠窗位置就座。过了许久，另一个同学态度十分恶劣地指责曾国藩遮挡了他读书的光线。年轻气盛的曾国藩没有发作，和颜悦色地询问解决方案。那同学指了指角落里自己的位置，曾国藩便识趣地挪开了桌子，让光线照射进来。可第二天，那同学竟然变本加厉，把曾国藩的桌子拖到了墙角，把自己的桌子挪了过来。曾国藩还是什么都没说，自顾闷头学习。结果，之后的乡试，曾国藩考中举人，那个占座的同学却落榜了。

在攻下南京后，面对残破荒芜的街道，作为总督的曾国藩深感忧愁。为了使南京城快速恢复元气，曾国藩和涂廉访等下级商议，重新建设秦淮河畔的烟花柳巷。这种话从总督的口中说出来，有伤大雅，下属便连忙阻止。面对下属的不理解，曾国藩没有反驳，反而亲自带领下属游览了一番。此行过后，官员们便理解了其用意，复现了秦淮河周围的繁华，百姓们也从战争的创伤中快速恢复了元气。

放下身段，曾国藩敢于、乐于成就自己人。在紧张严肃的军队内部，曾国藩从一开始的严格要求军纪，到后来不再硬性制约士兵们的劫掠行为，从严格限制保举名额，到灵活运用手中的权力，疯狂保举自己人，使得湘军的战斗力和灵活性得到显著提升。

第四，身先足以率人。试想一个企业家，遇事畏畏缩缩，没有清晰明确的目标，没有壮士断腕的勇气，如何带领员工们浴血厮杀？

在湘军建立之初，曾国藩亲自领兵。"每营必须择一营官，必划然分出营数，此时即将全数交付与他。"但后来由于战绩不佳，他便退居后方，成为军队坚定不移的精神领袖。即便不再冲锋一线，曾国藩也从来都是先湘军之忧而忧。缺军饷，曾国藩放下身段求着人去要。缺人才，曾国藩一个一个接待，谈话，组建团队。当全军将士们陷入沉睡，曾国藩不敢休息，复盘一天的所见所感。即便曾国藩的权力很大，他仍然做着一些基层人员的活，把权力欲望看得很轻。

曾国藩的学问不是什么高深道学，并不"高大上"。它就是一些普通人能记得住、用得上、看得懂的人生向导、生活真知。

毕竟，有哪位企业家不希望自己人也如湘军士兵那般"呼吸相顾，痛痒相关，赴火同行，蹈汤同往"，对自己忠心耿耿，指哪打哪呢？而其中最大的法宝，不是别人，正是我们自己，找到"我"的价值所在，也便读懂了曾国藩。

养生修心两手抓：自我疗愈之王曾国藩

"人到中年不得已，保温杯里泡枸杞。"随着全民亚健康时代的到来，养生已不是中老年的专利，悄然间也已在青年群体蔚然成风。厂家为了俘获年轻人的芳心，用尽浑身解数，各种养生食品层出不穷，甭管有没有用，只要跟养生挂钩，消费者对产品的接受度就会上升一个层次。

养生，可不是现代人的专利。距今已有两千多年的《黄帝内经》总结了人体十二个器官的工作规律，并把"饮食有节，起居有常"作为健康长寿的基本条件。曾国藩家族也讲究养生，曾公将日常养生准则总结为"养生六事"，用以给后代效法："吾见家中后辈，体皆虚弱，读书不甚长进，曾以养生六事勖儿辈：一曰饭后千步，一曰将睡洗脚，一曰胸无恼怒，一曰静坐有常时，一曰习射有常时，一曰黎明吃白饭一碗，不沾点菜。"

这些家训中的养生观点和《黄帝内经》不谋而合，曾国藩家族男性平均寿命六十多岁，爷爷星冈公甚至活到了接近八十岁，这在男性平均寿命只有四十多岁的晚清可谓长寿家族。

养生专家都是逼出来的，曾国藩也不例外。他之所以注重养生，与其先天身体羸弱、人生多舛密切相关。

曾国藩考学期间，由于心神消耗严重，休息不得当，常感到"耳鸣不止，稍稍用心，便觉劳顿"。《灵枢·脉度》说："肾气通于耳，肾和则耳能闻五音矣。"曾国藩小小年纪，便有了肾虚的症状，也许是年轻气盛，他并没有将这些身体预警当回事儿。道光二十年（1840），曾国藩考上翰林后，生了一场突如其来的重病，身体状况严重恶化，甚至十多天粒米未进。这次大病让曾国藩意识到了身体才是革命的本钱，他在日记中写道："再不保养，是将限入大不孝矣……苟失其养，无物不消，况我之气血素亏者乎？"从此曾国藩便开始注重养生，逐渐形成了一套覆盖起居习惯、饮食、运动、心理辅导等多方面的养生学说。

养生术其一：寻医无方，戒为良药

曾国藩首先从戒除坏习惯上入手，清心寡欲，陶冶情操，培养闲情逸致。中医讲"精气神"，精生气，气生神。曾国藩年轻时有不少恶习，最为突出的就是好色和吸烟。曾国藩之妻欧阳氏身体羸弱，常年卧床，曾国藩不免心猿意马。听闻好友陈源兖新纳小妾，曾国藩思虑一番后，便以交流学问为幌子，特意去拜访好友，打算一睹芳容。到了陈源兖宅邸后，先假意寒暄一番，随后话锋一转，夸好友艳福不浅。陈源兖在一边十分尴尬，笑而不语。见陈源兖未解其意，曾国藩便开门见山、单刀直入，陈源兖无奈唤出小妾。曾国藩见其果然人间绝色，便大肆评头论足，丑态百出。也因为此事，曾国藩和陈源兖的友谊走到了尽头。除此之外，曾国藩还曾为青楼女子题写挽联，对女色的沉迷可见一斑。

后来，曾国藩痛定思痛，提出三戒：一戒吃烟，二戒妄语，三戒房闼不敬。虽然他邀请朋友们监督自己，但效果不是很明显，且戒断反应严重，"如失乳彷徨"。

弗洛伊德说过，凡是被压抑的，都会以更加丑陋的形式卷土重来。食色，性也，像曾国藩身上的这类恶习，宜疏不宜堵。曾国藩这个阶段之所以压抑自己，也是因为缺乏其他的闲情逸致加以调和，直到他找到了疏解的法宝——下棋。下棋时，人往往心无杂念，于是曾国藩把溢散的精力安放到下棋上。下棋也成了他终生的嗜好，仅在日记中的记载就有几千场弈局，对弈者不下几十人，覆盖三教九流。曾国华战死，曾国藩去下棋；接到两江总督的任命书，曾国藩在下棋；攻陷天京，活捉李秀成，曾国藩还拉着曾国荃下棋。曾国藩在棋局中做回自己，调和人生。

养生术其二：健体大于补体，食疗大于药疗

曾国藩得知曾纪泽身体抱恙，痰中带血，于是在给儿子的家信中说："每日饭后走数千步，是养生家第一秘诀。尔每餐食毕，可至唐家铺一行，或至澄叔家一行，归来大约可三千余步。

三个月后，必有大效矣。"散步是一种调动全身的有氧运动，能锻炼肌肉，活动关节，促进血液循环、肠胃蠕动，不需要去健身房挥汗淋漓，也能取得良好的成效。

在下定决心调养身体后，曾国藩又在日记中写道："吾近有二事效法祖父，一曰起早，二曰勤洗脚，似于身体大有裨益。"

曾国藩很喜欢泡脚养生，每日睡前坚持泡脚。关于曾国藩泡脚的逸闻也有不少。李鸿章初次拜访曾国藩时，恰好是曾国藩泡脚的时间。曾国藩听闻神童李鸿章性格乖张，恃才傲物，想杀杀他的锐气。于是灵机一动，吩咐下人端上泡脚水，当着李鸿章的面，慢条斯理，脱鞋脱袜，旁若无人，优哉游哉地泡起脚来。李鸿章一看，感觉受到了冷落和侮辱，便告辞而去。

曾国藩是个"将洗脚理念贯彻家庭"的养生专家。据说，曾国藩的二夫人是三寸金莲，晚年经常足部胀痛，曾国藩便多次在家为其洗脚。未承想这事儿被喜欢阴阳怪气的左宗棠听到了，左宗棠想借此机会，狠狠羞辱曾国藩。于是左宗棠邀请曾国藩对对联，设一上联：代如夫人洗脚。曾国藩一听，顿时脸色一变，尴尬万分。当即心中暗暗想道，既然你无礼在先，就休要怪我不客气了。沉思了片刻，对出一下联：赐同进士出身。这次换左宗棠尴尬了。原来，左宗棠曾数次参加科考，却一直没考上进士，后来受到朝廷赏识，才获得一个同进士身份。曾国藩这下联无异于揭开左宗棠的旧伤疤，可谓以牙还牙。

对于饮食，曾国藩一贯奉行简单的佐餐搭配，不喜大鱼大肉，只满足基本的营养需求。在湘军军营中，饭菜一般只供应白米饭。全军将士腰间都系一竹筒，里面是湖南的特产——油辣椒，这便是湘军的"特色军粮"。相传湘军士兵因为长期生活在山林、大湖，风湿病患病率升高，于是曾国藩聘请名厨，研制了一种祛风湿的"三合汤"，让士兵佐餐而服，其中就有辣椒、麻椒等佐料。这种热性生发之物，在湘军水师潮湿作战环境中可谓一剂良方。

走出军旅，在日常饮食上，曾国藩以吃顺口为第一原则，只要适口，平常食物也可以起到食疗的作用："养生之道，当于食眠二字悉心体验。食即平日饭菜，但食之甘美，即胜于珍药也。眠亦不在多寝，但实得神凝梦甜，即片刻亦足摄生矣。""乡间鸡肉、猪肉最为养人，若常用黄芪、当归等类蒸之，略带药性而无药气，堂上五位老人食之，甚有益之。""夜饭不荤，专食蔬而不用肉汤，亦养生之宜。"

修心法宝：一曰静，二曰敬

如果你观察过那些长寿者，他们几乎都有一个相似的特质，那就是很少生气，保持心灵的闲静。

哈佛大学的一项研究结果表明，每天静坐二十分钟，持续一段时间，专注力和情绪控制力就会显著提高，焦虑、消极、愤怒等负面情绪随之减退。平心静气面对人生，不管得与失，人生的幸福感也随之升起。

人体是一台精密的仪器，各种激素都有各自的功能，经常动怒，激素分泌紊乱，长此以往，必定不利于身体健康，所以曾国藩认为，养生应"惩忿窒欲，少食多勤"。"惩忿"，即少生气；"窒欲"，即养精蓄锐，不让精力外泄。曾国藩认为，身体强壮者就像富豪，避免过度操劳，就可以一直维持强壮；身体虚弱者，就应该像穷人珍惜家财那样注意养生，便可以益寿延年。

不仅如此，保持内心宁静，也可以帮助我们提高工作效率。著名心理学家武志红，对于"心流"状态曾做过十分通俗易懂的解释：全神贯注，不断深入，充满乐趣，进入忘我状态，并且时间感发生改变。当我们以"心流"状态完成卷帙浩繁的工作量，一抬头孤月高悬，四下静谧无人，只觉得内心充盈轻快，拥有极大的满足感，而对时间流逝全然不觉，长此以往，个人的心性和能力必定获得长足的增长。

想要达到"心流"状态，除了上文提到的"静"外，还应当时刻保持对事物的敬畏态度。曾国藩通过学习古人，归纳总结了四点：曰慎独则心安，曰主敬则身强，曰求仁则人悦，曰习劳则神钦。而其中的主敬则身强，就是曾国藩独特的身心结合式的养生观。主敬，就是说外部严肃整齐，内部对万事万物充满敬畏，精力不外泄，能量平衡，故而身体强健。"敬则无骄气，无怠惰之气。"只有对万事万物充满敬重，才会在变幻莫测的世界里保持安定，不被杂念干扰。敬体现在对待其他人上，就是尊重、赞赏。敬人者，人恒敬之。

曾国藩曾说："先静之，再思之，五六分把握即做之。"曾国藩每遇大事儿，需要执棋子，走险关，都会先去静室坐一炷香的时间，不带任何情绪，用绝对理性的心情来应对接下来的变数。现代社会，我们每时每刻都处于信息接收和决策当中，当我们感到身心疲惫时，不如学学曾国藩的养生修心之术，不在取得成功的路途中透支身体，不在追求个人名利中迷失自我，保持纯净，内心谦和。

养生为主，修心为辅，肌体乃先天之本，外部保持革命本钱，内部修炼至"静敬"的心理状态，便可立于不败境界，谱写人生的豪壮乐章。

◆ ◇ ◆

一个人在成为一个真正的行业专家之前，必须成为管理自己身体的专家。身体是陪伴你一生的存在。一个人能不能成为管理身体的专家，很大程度上决定了身体能陪伴他的时间和质量。没有人不关注自己的身体，但鲜少有人能够成为管理自己身体的专家。就我个人的经验，要想成为管理自己身体的专家，至少应该做到以下几点。

第一，必须花足够的时间去学习身体的基本知识，并不断更新。

第二，必须保持每年的例行体检。

第三，必须有三个以上的医生朋友。

第四，必须敏锐地感知身体的变化，并及时、快速地做出干预。

第五，必须根据身体状况及时调整注意力，并且在身体遇到麻烦的时候能够投入足够的注意力。

第六，不能讳疾忌医。

第七，不能有过多的不良嗜好。

第八，饮食和睡眠至关重要。

第九，对于那些"无所不能"的保健品有足够的警惕。

龙场悟道：拎清自己的三重身份

机场传记类图书的销冠——王阳明，年轻的时候为了获得智慧，按照朱熹格物致知的方法，对着竹子看了七天七夜，结果以大吐血宣告失败。后来在朝廷中，又被刘瑾陷害，贬谪到贵州龙场，一路被围追堵截，最终九死一生到达龙场。龙场文明未开，气候恶劣，王阳明却在极端环境下安之若素，最终有了"心即理也"的心学感悟，这就是著名的"龙场悟道"。

王阳明是个天才，他几乎在任何环境下都能够实现主动成长，他代表的是人群中的最优秀者。而我们的主人公曾国藩，与之相比就少了些"豁然开朗"的意味，他的成功往往都是经历极度痛苦之后的大悔大悟、被动成长。对于曾国藩来说，成功没有任何捷径，他的人生充满了"龙场"。这也是绝大部分人生活的常态——没有运气，没有实力，只有一直努力，和生活的"龙场"周旋，从而不断升级成长，最终险胜大 Boss。

我认为，曾国藩的人生有两条分界线。曾国藩三十岁时立志，然后开始终身反思，这是第一条分界线。咸丰八年（1858），曾国藩四十八岁，领悟老庄，便是第二条分界线。这两条线，将曾国藩的人生划分成三个阶段。

其中，对曾国藩影响最大、最为深远的就是咸丰八年的这次开悟。这一年，曾国藩开始了一年半的乡居生活。有意思的是，不管是王阳明还是曾国藩，他们开悟之时都是身处于穷乡僻壤，远离官场朝廷。或许，只有远离人群，人才能真正凝视自己的心。

咸丰七年，曾国藩的父亲去世，困守江西、身心俱疲的曾国藩还未等到皇帝批复，便匆匆返乡。这等于借着父亲去世的名头回家休息。而在三个月休假结束后，曾国藩又提出"丧三年"的请求。咸丰一瞅，直接拒绝。曾国藩则是顺水推舟，上了一道《沥陈办事艰难仍恳终制折》，向皇帝陈述江西的困局和自己内心积压已久的愤懑。

他在奏折中既委屈又无奈地说："以臣细察今日局势，非位任巡抚，有察吏之权者，决不能以治军。纵能治军，决不能兼及筹饷。臣处客寄虚悬之位，又无圆通济变之才，恐终不免于贻误大局。"这句话说得很明白了，就是咸丰啊，你不给我实权，这活儿我就没法干了。

结果，咸丰为了收拾一下他早就看不惯的老曾头，直接在奏折上批了这样一段话："江西军务渐有起色，即楚南亦就肃清，汝可暂守礼庐。"意思就是现在情况好点了，也不差你一个，你就在老家歇着吧。

在这场君臣心理博弈中，曾国藩大输特输。其实，曾国藩的输是必然的，因为在皇帝心目中，这些汉人办的团练都不是他的心头肉，咸丰真正重视的是继承清朝传统的江南、江北大营。对于曾国藩这支气脉微弱的湘军，咸丰不闻不问，死不相救。眼下曾国藩的垮台，正中咸丰的下怀。

这种最糟糕的结果，显然也超出了曾国藩的预料。所以这个时期，也是曾国藩极度痛苦的时期。他的压力来自两方面，第一是兵权被解除，自己成了光杆司令；第二是被官场群嘲，陷入抑郁。

在天京事变后，曾国藩就预言，太平天国大势已去，命不久矣。打个比方，太平天国这个关底大Boss，就剩最后一管血了，而逃课上网的"网瘾少年"曾国藩却被"网管老爸"咸丰强行下机，其中的遗憾可想而知。

与此同时，和曾国藩并肩战斗的队友大多仕途亨通，胡林翼升任湖北巡抚，杨载福升二品提督，连官文都升任太子少保……而作为湘军缔造者的曾国藩，只能在老家喂猪钓鱼，读书学习，成了一名"山野村夫"。之前，曾国藩仗着练兵，翻云覆雨，睥睨天下，侵吞地方财产。现如今，曾国藩要挟皇帝失败，丑态百出，原形毕露。苦"曾"久矣的湖南官员们自然欢呼雀跃，拍手称快。

这段时间，曾国藩彻夜失眠，惊悸难安，常常对亲人破口大骂。弟弟们察觉不妙，纷纷敬而远之。曾国藩在给郭昆焘的信中写道："公事私事，不乏未竟之绪；生者死者，犹多愧负之言。用是触绪生感，不能自克……遂成怔悸之象。"想起半生人事，五味杂陈，精神一度陷入抑郁。

而在这种抑郁情绪中，曾国藩不再阅读那些催人奋进的"成功学"，而是捧起了那些被束之高阁、自己曾经不屑一顾的老庄学问。他常常把自己关在屋子里，一坐就是一天。

曾国藩悟到了很关键的一点，过高的目标给自己设限了。他立远大志向也罢，自省修身也好，结果就是给自己设定了一个不切实际的标签。宏伟的人生目标，使得他身段太高，没法融入多元化、充满魔幻主义的现实世界。他曾看不起的官文，却和会来事儿的胡林翼相处融洽，缔造佳话；他瞧不起的左宗棠，多次闯祸，却还被众人联合保护。他所谓的圣人道德，像一座围城，隔绝了他和外界交换能量的机会。"做什么都合乎圣人之道"使得曾国藩目中无人，刚愎自用，居高临下，以致绝路。在老庄之学的映照下，他才发现自己要才略缺才略，要胆识欠胆识，要情商没情商。脱去虚伪的外衣，曾国藩开始领悟老庄，和光同尘。

咸丰七年（1857）年底，曾国藩的幕僚兼好友罗汝怀，给他写了一封长信，痛斥他的种种问题。比如在筹饷问题上，曾国藩不应当独揽大权："……其折拨捐抽之法，要在使民无怨，且使官无怨，财源无窒塞之患。使民无怨，阁下所知而以为美谈者也；使官无怨，则阁下所不知而以为臆说者也。惟其然也，故折漕自我，拨漕自我，捐货、抽税皆欲自我……大权未尝旁落,而欲兼掌一方土地人民之事,然则圣人之设官分职,官事无摄者非乎?"除军饷方面的问题之外,罗汝怀还指出曾国藩在待人接物、自身性格、做事风格等方方面面的问题。这些诚恳的话语,如一道道天雷,击中了曾国藩冥顽不灵的内心,促使他完成了"道友度劫"的蜕变。

曾国藩在给曾国荃的信中说:"昔年自负本领甚大……又每见得人家不是。自从丁巳、戊午大悔大悟之后,乃知自己全无本领,凡事都见得人家有几分是处……与四十岁以前迥不相同。"咸丰八年(1858),曾国藩写下了这样的箴言:"矫激近名,扬人之恶,有始无终,怠慢简脱;平易近人,乐道人善,慎终如始,修节庄敬。"

这一切的根源,就在于曾国藩是个十分注重私德、注重"慎独"的人。他看待事物非黑即白,而人世间万事万物,不可能也不必有一套最正确的纲领。胡林翼少年"抽烟喝酒吃肥肉,多和异性交朋友",也丝毫不影响他成为左右逢源的江湖侠士。江忠源即便少时打架斗殴,当古惑仔一呼百应,仍然成为抗击太平军的先锋。即便是不谙世事、任人唯亲、"妾大、门丁大、庖人大"的满人官文,依然风生水起。这些人虽然私德不咋地,但公德维护得好,会做表面功夫。官文身居高位,手握重权,虽然啥本事没有,但宽容大度,好说话,不轻易卡人脖子。他和胡林翼这种社交高手一拍即合,在湖北通力合作,共同缔造一段佳话。

而曾国藩最欠缺的就是这一点，他习惯将个人的私德和官场的公德绑定在一起，致使他办事一根筋，处世不圆滑。最终路子越走越窄，活生生把自己给困死了。俗话说"酒肉穿肠过，佛祖心中留"，成功的前提，你得是一个活生生、有血有肉、有喜怒哀乐的人。

通过这次悔悟，曾国藩完成了一次全方位的蜕变，从一个不近人情的人，变成了一个拥有高人、贵人、小人等多重凡人身份的人。

首先，心有猛虎，细嗅蔷薇，做个有容乃大的高人。曾国藩再次出山后，变得和气好说话了。以前，他总是看不起这，看不起那，颇有众人皆醉我独醒的意味，但这次重获兵权后，他来到长沙便拜访所有大小衙门，给所属部门的官员写信，花费大量的金钱用于往来送礼，认真对待体制内的办事流程，绝不怠慢。连胡林翼都刮目相看："渐趋圆熟之风，无复刚方之气。"曾国藩这一番改变，各级官员都看在眼里，"再至江西，人人惬望"。

对待皇帝，他不再直言不讳了，而是学会低头装孙子。他在启程的奏折中说道："臣才质凡陋，频年饱历忧虞，待罪行间，过多功寡。伏蒙皇上鸿慈，曲加矜宥，惟有殚竭愚忱，慎勉襄事，以求稍纾宵旰忧勤。"咸丰一看，非常高兴，回复道："汝此次奉命即行，足证关心大局，忠勇可尚。"

其次，体恤下属，不吝推举，做个善于提携的贵人。曾国藩原本的带兵原则，是只依靠忠义精神来吸纳人才，但天下熙攘，名利过往，大部分贤才真正的愿望不是什么仁义道德，而是升官发财，因此复出之后，他"揣摩风会，一变前志"。在治军层面，曾国藩放松了对士兵道德层面的拷问，只要不犯原则错误，不再反对士兵的俗世价值观。每次战争胜利后，他也默许手下洗劫城池。但对于自己而言，曾国藩始终践行着原本的道义。有一次，曾国藩过寿，鲍超将好几箱洗劫来的珠宝送到曾国藩府上作为贺礼。曾国藩非但没有批评鲍超的行为，还挑选了一件自己最喜欢的，剩下的让鲍超又打包回去，实现了"同流合污"的同时又"外浊内清"。

最后，阴险狡诈，工于心计，做个令别人提防害怕的小人。对于自大的何桂清，曾国藩以彼之道，还施彼身，把两江总督的位置抢了过来。对于何桂清的残党江苏巡抚薛焕，曾国藩也毫不手软，果断将其拿掉，换上自己人李鸿章。战事结束后，曾国藩手握重兵又出任总督，难免引起咸丰帝的猜忌。曾国藩则毫不犹疑地"自废武功"以表忠心。这一系列操作，使得曾国藩的势力越来越大的同时，又深受朝廷器重，可以说通过"曲线救国"实现了平天下的伟大抱负。

综观这次蜕变，我们不难看出，曾国藩从一个抱守修身观念的理想派，变成了一个坚定不移、为达目的不择手段的实干派。方法总结起来，只有一句：调动一切有可能的资源，利用一切有可能的力量。现如今，很多人怀揣着理想，却自视甚高，不做那个，不做这个，放不下身段，带有职业歧视滤镜，自我设限，以至窘境。要我说，没有经历过事情就别指点江山。先搞钱，再做梦；先致富，再上路；先养家，再平天下；先做个实干派，再做个理想家！

曾国藩的"大能量观"

"能力"和"能量"有区别。我认为，能力代表的是一个人的硬件条件，比如理解能力、逻辑能力、学习能力、健康状况等，可以被量化为具体数字，而能量则是无法被观测和量化的。能量就像一个莫比乌斯环，循环往复，周期运转，体现在一个人身上，就是境界、格局，再细化就是一个人的环境可塑性、困难耐受性、终身成长性以及爱别人、爱自己的能力。看过玄幻小说的人都知道，里面那些妖精鬼怪修炼到一定程度，就会结丹，人也类似，源源不断的能量能促使人形成"内核"，也就是不可动摇的信念、愿力、人格，进而达到一种和外界能量平衡、天人合一的境界。那时候，举手投足间便不是世界于你如何，而是你对世界如何。当你真正强大起来，便向世界夺回了主导权。

曾国藩不是一个很有能力的人，但他绝对是一个很有能量的人。作为一个天生的修行者，他终生都在探索一种凌驾于生命之上的至高境界。

第一，勇于承认自己的无知

苏格拉底有句名言："我唯一知道的事，就是我一无所知。"我们从刚出生时对世界一无所知，到青壮年时期逐渐认为自己无所不能，这个过程实际上已然陷入了世界的圈套。人的傲慢是因为人的无知，无知这个东西最终一定会水落石出。人生最痛苦的警醒，就是当你猛然发现自己一无所知，无能为力。当人因为荣华富贵、功名利禄飘飘然之时，便是他最危险之时。用小聪明包裹头脑的人，多半生活在狭小的空间里而沾沾自喜，无法感受人生的邈远浩大和生命的壮丽曲折。

曾国藩之所以能够成功"结丹"，就是因为他从年少时期便敢于、勇于承认自己的无知。他终身自省，不断纠正自己的行为。三十天学戒烟，三十年学做人。即便已经功成名就，潇洒一生，他在日记中发出的诘问，仍然和三十岁时如出一辙。即便在临终之时，他也依然写道："余通籍三十余年，官至极品，而学业一无所成，德行一无可许，老大徒伤，不胜悚惶惭赧。"即便右眼失明，老眼昏花，临近生命的终了，他身上迸发出来的能量，依然能跨越时空，直击我的内心，感染激励着我。他的能量能跨越时空的阻隔，让我猛然间抬头，看到废墟之上的青草鲜花。也许，生命就像一个圆环，让人从起点回到起点。从看山是山到看山还是山，从混沌无知到明朗无知的过程，便是人生的漫漫路途。

第二，爱自己，爱家人，爱身边的一切

曾国藩有一颗爱人之心。首先，爱自己，接纳自己，终身成长。其次，孝敬父母，体贴妻子，帮协同辈，关爱子孙，将儒家理想中的"齐家"做到了完美。最后，他爱世人，爱贤才，用自己的光明无私地照亮他人。

爱自己，并不是放纵自己，而是接纳自己，并提升自己。曾国藩之所以能成为人生赢家，不是因为他具备多大多强的能力，而是他会化被动为主动，不断吸纳外界的力量为我所用，浇灌自己，并终身成长。他知道自己有很多毛病，不擅长打仗，贪图声色，心高气傲。但他并不计较眼前的得失，而是从长远角度去审视自己的人生，不因为存在缺点而否定自己，而是不断自省修补，不断地完善自我，从实践中修炼"内核"。别人当团练大臣敷衍了事，而曾国藩野心十足，下棋便下大棋局。别人打了败仗龟缩逃避，他屡败屡战，天地苍茫一根竹，北风吹不倒，大雨浇不烂，韧性十足。

爱家人，让自己散发的磁场形成能量共同体，使得"妯娌及子侄辈，和睦异常，有姜被同眠之风，爱敬兼至"。

曾国藩年轻的时候拜入欧阳凝祉家中学习，欧阳老师十分赏识曾国藩，便主动当起媒人，给曾国藩介绍对象。但由于曾国藩考运不佳，考秀才连续失败，再加上长相砢碜，对象便撕毁婚约。于是，欧阳老师便将自己的女儿许配给了曾国藩。这位欧阳夫人从小接受文化熏陶，知书达礼，和曾国藩相处融洽。曾国藩自然也对欧阳夫人非常敬重，平日相敬如宾。即便远在他乡，曾国藩也频繁写家信问候，用行动感谢欧阳夫人对家庭的付出。

爱兄弟，对待弟弟们亦兄亦父。"兄弟和，虽穷氓小户必兴；兄弟不和，虽世家宦族必败。"湘军被困江西，朝廷地方无一搭理，唯有亲弟兄曾国华"倍道走武昌，乞师以拯凶难"，连克六县，拼死营救曾国藩。曾国华三河镇殒命，曾国藩强忍悲痛写信安慰其他兄弟。听闻曾国葆病死沙场，曾国藩伏案痛哭，在安庆滞留二十余天，一遍遍为其棺椁刷漆。曾国荃"少年奇气，倜傥不群"，曾国藩担心其不能善终，迫使他退隐。面对曾国荃的不理解，曾国藩没有辩解，无言护其风雪。待曾国藩去世后，曾国荃一直平步青云，直到光绪年间病逝。每逢朝廷赏赐绸缎，曾国藩便聘请裁缝为四个弟妹缝制衣物，年终时将各种京城物产托人专门运回农村老家。每当收到来自兄弟的信件，曾国藩即便有烦心事，也总是喜上眉梢。作为大哥，他问心无愧。

爱子孙，曾国藩总是不厌其烦地向儿子们叮嘱，凡事要勤俭廉劳，不可为官自傲。一封封寄出的家信，一句句浩然的家风，就是曾国藩留给子孙最大的遗产。在他的二百四十个子孙后代中，竟无一败家纨绔。

爱贤才，让集体的力量改变世界。他常在推举信中说，此人是武才，此人是奇才，此人如何如何，呈现在纸面上的都是夸奖的话，而刻薄、讥讽之词则极少。曾国藩曾经说过："大抵任事之人，断不能有誉而无毁，有恩而无怨。自修者，但求大闲不逾，不可因讥议而馁沉毅之气。衡人者，但求一长可取，不可因微瑕而弃有用之才，苟于峣峣者过事苛责，则庸庸者反得幸全。"当他看到幕僚李眉生写出"妙曼蛾眉侧，红蓝大顶旁；尔心都不动，只想见中堂"这首讥讽另一同僚的诗歌时，便耐心劝告他不要得罪同僚。他不厌其烦地让自己的能量同化更多的人。桃李不言，下自成蹊，受过曾国藩指点的桃李们也根深叶茂。曾国藩用心培养出一批又一批的接班人，再通过这些人改变社会。待他去世时，朝中很多大员都是他的门人。

第三，"逆商"很重要

曾国藩说过："在其位，谋其政，受其气。"你能扛多大的责任，承受多大的委屈，就会有多大的成就。我们之所以学习曾国藩，不是因为他成功，而是因为他具备强大的能量，吸引我们去关注他，学习他。逆境中的曾国藩所面临的问题跟现代企业家们所面临的如出一辙，恐惧、焦虑、不安、内耗和巨大的不确定性如影随形。

曾国藩绝对不是一个符号化的人物，而是一个有着肉体凡胎的活生生的人。他跟大多数人一样，有喜怒哀乐。当遇到无法处理的难题的时候，曾国藩也会忍气吞声，"打碎牙齿和血吞",也会不停地劝诫自己要"耐得烦"。皇帝下令勤王,他也会陷入手足无措,叫来胡林翼、李鸿章一夜一夜地商量。他也会情绪失控,大骂好友李元度、冯树堂。而当他处于长期焦虑的时候,他也会努力扮演一个可以疗愈自己的心理医生。

第四,在时空中定锚,在历史中前行

曾国藩曾在二弟曾国潢的陪同下,来到碧云观,拜访一位道长。道长对他说:"岐黄医世人之身病,黄老医世人之心病,愿大爷弃以往处世之道,改行黄老之术,则心可清、气可静、神可守舍、精自内敛,百病消除、万愁尽释。"后来,曾国藩再次研读老庄学问,顿觉大道之上,迸发出万丈光芒。儒家的帝王术和道家的修心术成为两大法宝,使得曾国藩心中郁结的困顿烟消云散,人生的格局阔大起来。

"静中细思,古今亿百年无有穷期,人生其间数十寒暑,仅须臾耳,当思一搏;大地数万里,不可纪极,人于其中寝处游息,昼仅一室,夜仅一榻耳,当思珍惜;古人书籍,近人著述,浩如烟海,人生目光之所能及者,不过九牛一毛耳,当思多览;事变万端,美名百途,人生才力之所能及者,不过太仓之粒耳,当思奋争。"

这段话的意思是说,在平静的时候仔细想想,古今上亿年,人这一辈子不过几十个春秋,一瞬间而已,所以应该考虑拼搏一下。大地幅员辽阔，无法确定它的尽头，人在这片大地上生存，白天只需要一间房子，晚上只需要一张床，所以应当考虑珍惜所拥有的。古今著作浩如烟海，人这一生所能看完的不过九牛一毛，所以应当考虑多加阅览。世事变幻莫测，成就事业的途径很多，竭尽一生才力所能办到的，不过沧海一粟，所以应当考虑奋力争取成功。

三百六十行，创业者最可贵，因为他们在万丈悬崖之上，前途不明朗，后路已无，身边都是一双双期盼的眼睛，自己身后却空无一人。我自己也是创业者，对此深有体会。而每当捧起曾国藩的作品，我就像遇到了一位可以倾诉衷肠的好朋友，心中的忧虑孤单顿觉被赋予了特殊的意义，让我得以走出阴霾，拥抱人生的不同境界。

◆ ◇ ◆

如何提升自身的能量？

谦卑可以获得很大的能量。一个人把自我变得越小，力量越大。沉甸甸的麦穗，起跑压得很低的运动员，一个让所有人如沐春风的人，显然都充满力量。包容可以获得更多的能量。一个人经历的越多，看不惯的越少；一个人越开放，越能获得能量。得道的人，不是自己拥有超能力，而是道为己所用。学习可以获得更多的能量。一个人必须走出自己的疆域，到更高的维度上俯瞰，这样会获得更多的势能。行善者天助之。行善可以获得更多能量。心甘情愿地行善更难得，也更闪耀。平静也可以获得更多能量。平静可以训练，可以通过深度呼吸训练，可以通过打坐训练，可以通过一件有强大兴趣的事情上的专注去训练。

能量自由自在地流动。能量是神灵，是祝福，是回响。一个人拥有强烈的、持续的、广博的愿力，能量就会乘愿而来。

强恕：曾国藩的心灵必修课

孔子曾经说过："其恕乎！己所不欲，勿施于人。"作为儒释道集大成者的曾国藩也对"恕"发表了他的理解："一日强恕，日日强恕；一事强恕，事事强恕。久之，则渐近自然。""作人之道，圣贤千言万语，大抵不外敬恕二字。"面对充满戾气、人人互相攻伐的环境，修筑禅意、提炼道心是不可或缺的能力。

躬行强恕，保身利势

曾国藩也曾"道心不稳"，青年时期脾气极差。从小受爷爷和父亲的棍棒教育，曾国藩身上有一种农村娃子的执拗，加上他在黄金年龄高中进士，便认为自己天下无敌，就连京城权贵都不放在眼里，整天看不惯这个，看不惯那个，怨天怨地怨社会。点翰林后，他因口角琐事得罪同乡友人郑小珊、金藻，"肆口谩骂，比时绝无忌惮"，又公然贴大字报和上司赵楫开战。全翰林院的同事都自动站队，和曾国藩划清界限，曾国藩便转移火力，直接写信给道光打小报告。皇帝根本不屑于管，曾国藩便渐渐成了孤家寡人,"好与诸有大名大位者为仇","诸公贵人见之或引避,至不与同席",把自己活生生"作"成了一名"单机玩家"。

不仅如此,曾国藩还埋怨自己的成长环境,"……少时天分不甚低,厥后日与庸鄙者处,全无所闻,窃被茅塞久矣",认为家乡的街溜子太多,把自己给耽误了。

咸丰的上任,无疑给曾国藩打了鸡血。在一年多的时间里,他先后上了《应诏陈言疏》《条陈日讲事宜疏》等多道奏折,然而咸丰却只是草草了事,丢进废纸篓。这让曾国藩大为破防,上了一道《敬陈圣德三端预防流弊疏》,直接挑衅咸丰,让咸丰也直接破防。练兵后,曾国藩更是气焰嚣张,手伸得太长,向皇帝举报、废黜绿营长官,结果被人刀架脖子上赶出长沙城。

但后来,曾国藩和一切都和解了,变得格外佛系,甚至在封王、裁撤将领的大事儿上,也不再锱铢必较。"龃龉之后,人反平易,我反悍然不近人情。恶言不出于口,忿言不反于身,此之不知,遑问其他?谨记于此,以为切戒。"

慈禧太后曾立下豪言,说谁拿下南京城便能封郡王,但曾氏兄弟苦打下南京城后,慈禧却出尔反尔,只封了曾国藩一个一等毅勇侯。然而,曾国藩却松了一口气,不仅丝毫不生气,还满心欢喜地谢主隆恩。其实,异姓王惨淡的下场已经不知道上演了多少次,诸如韩信、吴三桂等。朝廷不给曾国藩封王,并不是因为曾国藩是文人出身,不合旧制,而纯粹是因为曾国

191

藩是个汉人。湘军能做大，正是因为八旗绿营已经废了，这本就让清王朝的面子挂不住。而且，由于郡王能在地方保有大量军队，朝廷也很担心曾国藩起兵谋反。换作旁人，面对如此不公平的待遇难免愤愤不平，然而这番不公平的操作却正中曾国藩的下怀，曾国藩甚至还顺势裁撤湘军，很快便得到了朝廷的批示。

鲍超的"霆字军"救胡林翼，收复金口，火烧太平军弹药库，雷公埠之战、二郎河之战、赤岗岭之战无一不是大获全胜，为曾国藩立下赫赫战功。鲍超一生打了五百多场战役，负伤累累，是湘军的战力巅峰。在后来剿捻的战役中，刘铭传为了邀功提前开战，陷入包围，又是"及时雨"鲍超率援军赶来，才将刘铭传救出。结果，班师回朝之后，鲍超却被弹劾了，立下汗马功劳的"霆字军"也面临解散。而此刻，身后的主子曾国藩却不为所动，没说一句好话，导致一生戎马的鲍超打包袱回家。原因就在于：第一，"霆字军"的作战风格比曾国荃还要残酷，所到之处尽是焦土，珠宝垒车，美女盈门，恶名远扬，这是"外浊内清"的曾国藩无法接受的。第二，鲍超和年轻时候的曾国藩一模一样，倚仗军功傲视群臣，树敌无数，让曾国藩深感不安。第三，李鸿章的第一悍将刘铭传和湘军的第一悍将鲍超，在这场博弈中只能活一个。综合考虑下，曾国藩毫不犹豫地让李鸿章的人活下来，而鲍超也借着这个机会急流勇退，回家安享晚年，没落得个狡兔死良狗烹的结局。

如果曾国藩一心求王不成，带着曾国荃顺势起兵谋反，恐怕在封建帝制即将终结的历史浪潮下不会有什么好结局，一生的修行也将毁于一旦。如果曾国藩死保鲍超，和年轻时一样，什么事儿都算得一清二楚，未免殃及池鱼，不仅会和李鸿章反目成仇，也会引发朝廷的不满。曾国藩能在复杂的局势中，柔若无骨，片叶不沾身，离不开"强恕"心法的功劳。

躬行强恕，兄弟和睦

后人曾编了这么一句顺口溜：左帅严，人不敢欺；李帅明，人不能欺；曾帅仁，人不忍欺。谈到曾国藩，人们认为他仁爱，深明大义，便不忍心欺侮他。曾国藩说："威不足则多怒。"一个人只有在威严不足的时候，才会使用愤怒的手段治理下人，而曾国藩采用原谅他人、宽容待人的方法，达到不怒而自威的效果。

曾国藩和曾国荃这对兄弟，虽然长得比较像，都是五短身材、三角眼，但是曾国荃是个刺头，对曾国藩憋屈的人生态度嗤之以鼻，很少听取曾国藩的劝告。曾国藩多次劝告他不要放纵属下，曾国荃愣是反其道而行之，每克一城，烧杀掳掠三天三夜。曾国荃招募兵勇时，甭管啥背景，只要有战斗力，敢杀敢打，他都随时欢迎。但在关键问题上，曾国藩却能压得住曾国荃。

比如英法联军火烧圆明园的时候,咸丰让曾国藩回去救援,曾国藩本来不想去,但是害怕朝廷那边出事儿,便和曾国荃商议。曾国荃一听,不乐意了,说英法都是洋枪大炮,我们去了也是当炮灰,等着议和就完了,而且废物咸丰死了正好,恭亲王比他更靠谱,有利于我们剿匪。面对曾国荃净说大实话的态度,曾国藩怎能容忍?于是连连回信,对曾国荃破口大骂。大哥严厉的措辞把曾国荃骂愣了,嚣张的气焰不禁收敛了不少。

再比如,在曾国藩祁门被围攻的时候,曾国荃那边正在围攻安庆。拿下安庆,就等于打开了南京的门户。曾国藩生性胆小,战术规划能力不强,在城外修筑了大量的防御工事、城墙碉堡。面对气势汹汹的太平军,曾国藩龟缩防御,忧虑万分。但此时此刻,他有更加重要的信念,草拟好多次遗书的同时,三番五次让曾国荃坚定围困安庆的决心。每当前线的曾国荃意志动摇的时候,都能收到曾国藩的慰问,这不禁使得后来被称为"曾铁桶"的曾国荃大为振奋,全力围攻。

曾国荃一方面在安庆城外大量挖壕沟,断水断粮,鼓动流民百姓,分发给他们陈芝麻烂谷子,让他们成为免费劳力;另一方面张贴告示,散布谣言,并且命人用大蒲扇将蒸煮粮食的香气扇至安庆城防内,瓦解军心。就连有共同信仰的"洋兄弟"准备给城内太平军送的粮食,也被曾国荃半路截和。此番操作下,安庆摇摇欲坠,而安庆这个诱饵钓来了更大的鱼,使得主帅陈玉成前来救援。两军对垒,激烈拼杀,连距安庆几十里远、转移到东流的曾国藩,都能听到震天响的炮火轰鸣声,可见战争之惨烈。后来陈玉成指挥失误,猛将鲍超抓住机会,配合湘军水师,几乎全歼陈玉成的一万多人。而安庆内部的士兵早已因为饥饿提不动刀枪,束手就擒。后来曾国荃也回忆说,自己只有三成功,七成功要给自己的大哥。如果没有曾国藩多次写信强调安庆的重要性,舍生忘死,曾国荃恐怕早已弃城驰援,也不会有后来的成就。

躬行强恕,降龙伏虎

曾国藩和左宗棠,是一对欢喜冤家。曾国藩真心拿左宗棠当朋友,换来的却是左宗棠一次次的诋毁谩骂。即便如此,曾国藩依旧待其如常,连左宗棠最后都被其感化。左宗棠第一次和曾相遇,便说:"其人正派而肯任事,但才具稍欠开展。"他跟胡林翼也说:"涤公才短,……弟无三日不过其军絮聒之。"当还是以编外人员的身份协助曾国藩的时候,左宗棠便时常在军中大骂曾国藩,"每接见部下诸将,必骂曾文正"。以至左宗棠的部下都听烦了,"大帅自不快于曾公,斯已耳,何必朝夕对我辈絮?吾耳中已生茧矣"。

左宗棠曾大骂永州总兵樊燮,被樊燮告到朝廷,朝廷震怒,意欲将其处死。得知左宗棠闯了大祸,曾国藩心急如焚,配合胡林翼极力为他疏通关系,使其摆脱了牢狱之灾。曾国藩将左宗棠救出后，还将其安排进自己的军营内部，恳请皇上"将左宗棠襄办军务改为帮办军务"，发展成内部人员，为其充当保护伞，后来更是保举左宗棠为浙江巡抚。

在曾国藩人生最艰难的丁忧时期，左宗棠还跳出来批评他"匆遽奔丧，不俟朝命"，还当着全湖南的同僚，在骆秉章幕中"肆口诋毁，一时哗然和之"。

有人提议让曾国藩修理一下狂妄的左宗棠，但曾国藩恪守"强恕之道"，说自己不善辞令，"拙于口而钝于辩"，采取眼不见为净的方式，"以不诟不詈不见不闻不生不灭之法处之"。

曾国藩不是不生气，而是明白，左宗棠是个极具才能的人，而自己想要驭好这只猛虎，只能任凭其撕咬，化悲愤为食粮。

在曾国藩去世后，左宗棠送来了这样的挽联：谋国之忠，知人之明，自愧不如元辅；同心若金，攻错若石，相期无负平生。短短几字，恩仇消弭，道尽衷肠。忘却，是神才能做到的；而宽容，则是每个人都能做到的。日常生活中，总有些人让我们一靠近他，就如沐春风，感觉被他身上散发的气质熏陶，这种人给人一种超脱凡尘的神性之感。有人说这是温柔，有人说这叫淡泊，其实最重要的，就是宽容。怀着仇恨和痛苦的人无法拥抱灿烂的人生，放下仇恨，看淡过往，怀着一颗宽容的心，才能心怀万物，以天地反哺，促成荡气回肠的潇洒人生。

◆ ◇ ◆

孔子很早就说过"己所不欲，勿施于人"，孟子也说过"强恕而行，求仁莫近焉"。所以，恕，是一个落实在行动上的动态过程，也是做到"知行合一"的关键一环。西方人讲的同理心和"恕"是十分接近的，即不断地向内探索，以诚挚的爱去对待人和事儿，形成和谐良好的关系。这些外部关系又会不断向内反哺，形成内外和谐的能量共同体，达到浑然一体的真正快乐。

附录一

日课十二条：立下属于自己的军规

曾国藩考入北京之后，点了翰林。这时，他开始向上社交，结交了一批好朋友。这些好朋友基本都是那种理学名臣，让人高山仰止，所以他非常崇拜。曾国藩自己又立了一个比较高的志向，所以他就考虑，自己怎么样才能成为这样的人。于是他拜了两位老师，一位叫唐鉴，一位叫倭仁。这两个人真的是悉心传授，就给他提出了一个要求：要为自己定一个标准，定了标准之后，每天记载自己的言行举止，然后对比，没达到的就得自我管理。这相当于给他提供了方法论。

曾国藩经过反复研究，制订了自己的个人管理计划。曾国藩的这个计划很有名，共有十二项，也叫作日课十二条：

（1）主敬。整齐严肃，无时不慎。无事时心在腔子里，应事时专一不杂。清明在躬，如日之升。

（2）静坐。每日不拘何时，静坐四刻，体验来复之仁心。正位凝命，如鼎之镇。

（3）早起。黎明即起，醒后勿沾恋。

（4）读书不二。一书未完，不看他书。东翻西阅，徒徇外为人。

（5）读史。丙申年购《廿三史》，大人曰："尔借钱买书，吾不惜极力为尔弥缝，尔能圈点一遍，则不负我矣。"嗣后每日圈点十叶，间断不孝。

（6）谨言。刻刻留心，第一工夫。

（7）养气。气藏丹田，无不可对人言之事。

（8）保身。十月二十二日奉大人手谕曰："节劳，节欲，节饮食。"时时当作养病。

（9）日知所亡。每日读书记录心得语，有求深意是徇人。

（10）月无忘所能。每月作诗文数首，以验积理之多寡，养气之盛否。不可一味耽着，最易溺心丧志。

（11）作字。饭后作字半小时。凡笔墨应酬，当作自己功课。凡事不留待明日，愈积愈难清。

（12）夜不出门。旷功疲神，切戒切戒。

这十二条基本上可以分成几类，第一类就是关于时间管理。一个就是要早起，黎明即起，不睡懒觉。曾国藩刚考上进士的时候爱睡懒觉，自从他给自己制订了规划，后来他就再也不睡懒觉了。曾国藩的爷爷就从来不睡懒觉，天未明即起。曾国藩的父亲不但是天未明即起，如果第二天有事儿，一夜还要起来好几次。曾国藩自己培养的接班人李鸿章，一开始吃早饭时都不想起床，还老跟曾国藩找理由。结果有一天李鸿章又找了个理由，说自己头疼，曾国藩说李鸿章不到不开饭，后来李鸿章跌跌撞撞地来了，然后大家吃饭，默不作声。曾国藩这时候安静地吃完饭就走到李鸿章的面前，说："少荃，既入我幕，我有言相告，此处所尚，唯一诚字而已。"李鸿章自此之后每天都起得很早，而且很快他就尝到了早起的甜头。因为我自己也早起，我是五点多肯定起来了，你想，一般的人是八点、九点起，那我真的比别人多了三四个小时。

第二个就是夜不出门。他认为晚上出门旷功疲神，很不可取。而且，晚上要是出去，第二天也晚起，所以它实际上跟早起是一个呼应的关系。晚上不出门，还隐藏着另外一个考量，就是不搞无效社交。晚上能凑在一起的大多是狐朋狗友、酒友赌友，体面的人都睡了，老头子们都睡了，年轻人凑在一起，又是打牌，又是逛窑子，又是吃夜宵，有啥意思？所以曾国藩实际上在这里边提出的，除了时间管理，还有拒绝无效社交。

第三个就是要敬。曾国藩认为，平日闲居无事的时候，要宁静泰然，把心安放好，一旦做事儿，就要专心致志，不存杂念。做事儿的时候要把注意力集中在一件事儿上。这实际上是一种能量管理，就是说做事儿的时候就集中注意力，首尾不懈，不要这山望着那山高，不要见异思迁。这实际上也是他提到的"人而无恒，一事无成"。其实一个人能不能成事儿，就看他能不能集中注意力。曾国藩在那个时候就已经意识到注意力管理、能量管理的重要性。现在，大家都说能量比能力重要，其实就涉及一个注意力管理的问题。

第四个，"静"也很重要。曾国藩说自己做事儿的时候，"先静之，再思之，五六分把握即做之"。所以他每天要打坐，不拘时间，然后要"正位凝命，如鼎之镇"。我理解的静，其实还是要断舍离，就是把杂念都去掉，这个非常重要。很多人每天做事儿的时候一会儿想起这个了，一会儿想起那个了。但是能成功的人，在做事儿的时候，他就真的能安静下来，让各种念头像秋叶一样纷纷簌簌地落下去。

第五个，要养生，节劳节欲节饮食，要做管理自己身体的专家。关于这一点，前面章节已经讲过了。养气，无不可告人之事，就是要养浩然正气。孟子说："富贵不能淫，贫贱不能移，威武不能屈。"文天祥说："天地有正气，杂然赋流形。"养气就是培育一个比较正确的价值观。曾国藩有副对联：敬胜怠，义胜欲；知其雄，守其雌。所谓义胜欲，就是在欲望之上要有一个义，这个义就是人的价值观。人们要有价值观管理，不能走歪门邪道。所以曾国藩说不与天地斗巧，不与君子斗名，不与小人斗利。

第六个叫谨言，就是要时刻留心，管好自己的嘴巴。曾国藩知道自己有一个最大的毛病就是说话刻薄，啥都点评，为此也吃过亏。所以他说人要厚重，说话不可任口，行事不可任心。实际上就是说不要做一个"知道分子"，要稳重一些。

第七个是关于读书。读书不二，就是"专注一经"，一本书不懂就不读下一本，一页不懂就不读下一页。有的书需要读两次、三次甚至四次，把一本关键的书读深、读透，深度学习你特别感兴趣的东西。再进一步，甚至可以尝试背诵关键细节，学会讲给他人听，在讲述的过程中巩固基本的知识点。这是一个非常重要的方法论。曾国藩说鼫鼠五技而穷，就是说鼫鼠看起来又会飞，又会跑，又会爬，又会游，又会藏，但每一技都不成熟。他说用功譬如掘井，与其多掘数井而皆不及泉，何若老守一井而用之不竭。做一件事儿就把它做透了，要像鸡孵卵一样有始有终，要像燕筑巢一样讲结构，然后慢慢填充，要像煲汤一样刚开始大火煮，然后小火炖。

第八个就是读史。曾国藩说过一句非常著名的话："凡读无益之书，皆是玩物丧志。"所以，不要追求舒适区，难而有用的书才应该是你最先关注的。同时，要学会把学到的东西放在当下的背景里，困境里，要善于连接。史书对于曾国藩来讲便是有用的东西。湘乡学派倡导要经世致用，就要学本领，很多本领来自史书。曾国藩第二次考进士没考上的时候，借来一百两白银，把身上的衣服都典当了，买了一套《二十三史》，买到之后他父亲就对他说每日圈点十页，否则就是不孝。他就牢牢地记住了，后来一生当中不论到哪儿，《二十三史》都跟着他，坐着轿子坐着船，他都在读这套书。

还有就是"日知所亡""月无忘所能"。就是每天要保持饥饿感和好奇心，每天要学点新的东西。所以要读书，也要学会结合自己和他人的经验教训去理解书中的话。另外，每个月要作几首诗，写几篇文章，每日饭后还要写半个小时的字。曾国藩看到写字的重要性的同时，也意识到字只是一个形式问题。写字虽然很重要，不能荒废，但是也不能过于沉溺，还要把时间放在更重要的事儿上。所以他说"凡事不留待明日，愈积愈难清"，每天该做的事儿要日清，否则越积越多。实际上这也是他的一个方法论，当日事要当日毕。

附录二

六戒：为你的人生保驾护航

"六戒"是曾国藩写给家人的劝世良言，是他掏心窝子的话。掌握了这些话，可以减少很多内耗和致命的伤害，能够让事情朝着有利于你的方向发展。个人觉得，值得背诵：

第一戒：久利之事勿为，众争之地勿往。

第二戒：勿以小恶弃人大美，勿以小怨忘人大恩。

第三戒：说人之短乃护己之短，夸己之长乃忌人之长。

第四戒：利可共而不可独，谋可寡而不可众。

第五戒：天下古今之庸人，皆以一惰字致败；天下古今之才人，皆以一傲字致败。

第六戒：凡办大事，以识为主，以才为辅；凡成大事，人谋居半，天意居半。

第一戒"久利之事勿为，众争之地勿往"，其实这是经济学的一个基本规律。有个故事，说洛克菲勒下了火车之后擦皮鞋，发现擦皮鞋的都在跟他讨论股市，他马上就意识到自己的股票该清仓了，因为所有人都进来要分一杯羹的时候，泡沫就产生了。曾国藩认为，所有人都在争着往一个地方去的时候，它实际上就变成了一个宽的门。人不要走宽的门，真正的奇观都在那种艰险的地方，在窄的门里。当所有人都通向一个地方的时候，你一定得谨慎。曾国藩经常说类似的话，别人都觉得肯定赢的时候，你一定不可掉以轻心；别人都提心吊胆的时候，你一定要保持乐观。

从第一戒还可以看出，曾国藩特别理解机会和风险之间的转换。机会和风险不是固定不变的，因为一切都在变化，唯一不变的就是变化。尤其是打仗这种事情，战机稍纵即逝。

第二戒"勿以小恶弃人大美，勿以小怨忘人大恩"。我们知道曾国藩这个人"求缺"，他不是说"花未全开月未圆"吗？人无完人，真正的道德家都是要求自己，而不是要求别人的。越是喜欢对别人提出苛求的所谓"道德家"，他们自己的道德越经不起考验。

真正的道德家都是向内看的。曾国藩是一个理学名臣、道德楷模，对待自己，其严苛程度就像拿着一把小刀日夜不停地雕刻。道德这个东西用来修己，它是一件好事儿，但用来苛求别人，它就是个凶器。

曾国藩对自己的儿子经常说的一句话叫"不忮不求"，他说掌握这四个字，人可以远离灾难。"不忮"就是不羡慕嫉妒恨、不刻薄，"不求"就是不贪求。老对别人苛刻，羡慕嫉妒恨，那还不招来祸害吗？"勿以小恶弃人大美，勿以小怨忘人大恩"，实际上也是曾国藩掏心窝子的话。左宗棠、沈葆桢、李元度等，都曾背叛过曾国藩，曾国藩仍能做到勿弃勿忘，提拔他们。这里边甚至有一些悲怆的意味。

第三戒"说人之短乃护己之短，夸己之长乃忌人之长"。做成一件事儿，其实需要所有的人一起来协作，这个过程就是用自己的长处来弥补别人的短处，用别人的长处来弥补自己的短处。只有这样，大家才能齐心协力把一件事儿做成。合作的时候，要对自己多一些反省，对他人多一些宽厚，不能只要求别人而放任自己。

曾国藩说凉薄之德有三端，第一种就是"闻有恶德败行，听之娓娓不倦；妒功忌名，幸灾乐祸"。曾国藩非常反感无效社交，因为无效社交无非吹嘘自己，贬低他人，谈论八卦是非。人要进行有效社交，谈点有建设性的东西。

第四戒"利可共而不可独，谋可寡而不可众"，实际上就是一个方法论了。"利可共而不可独"，分钱的时候别老是私心很重，只满足自己，要让大家都分一些。只要人家做成事儿了，创造了超级利润，就多给人分一点儿，大方一点儿，让大家都能一起拼命地干，要理解人性，要顺应人心。"谋可寡而不可众"，小事开大会，大事开小会，一个公司的机密知道的人越少越好。比如说我们公司要出一个神秘的产品了，不可能说在微博上公布，肯定是几个人小规模地讨论一下。

第五戒"天下古今之庸人，皆以一惰字致败；天下古今之才人，皆以一傲字致败"。曾国藩一生阅人无数，光在日记本里面就记载了三千三百多人。他对各种各样的成功和失败的人都有画像，他发现两个最经典的失败模型，一个是惰，一个是傲。没能力的通常很懒，有点能力的大多飘飘然。曾国藩的儿子曾纪泽新婚的第一天，曾国藩就给他写信了，说第一要早起，第二做事儿要有恒心，第三走路的时候要厚重一点儿，别轻飘飘的。曾国藩说"劳谦君子有终吉"，勤奋的人就会招致好运。曾国藩还说"孝致祥，勤致祥，恕致祥"，要想招来好运气，勤奋是一个重要工具。

第六戒"凡办大事，以识为主，以才为辅；凡成大事，人谋居半，天意居半"。识和才就是人的能量和能力、认知和知识。曾国藩当年保举沈葆桢的时候，说沈葆桢这个人"器识才略，实堪大用"。器就是包容度，识是认知，才是才能，略是谋略，四者的重要性依次降低。他认为能量比能力重要，认知比知识重要。

知识是可以被传授的，而认知是心甘情愿地相信、身体力行地落实的东西，需要知行合一。比如说抽烟有害健康，对绝大部分人来讲它只是一个知识，没有形成认知，只有因为知道抽烟有害健康而戒掉烟的，它才上升成一个认知，认知实际上在更高的一个维度上面。"凡成大事，人谋居半，天意居半"，这句话很有智慧，有点像我们今天常说的，无法改变的就接受，无法接受的就改变。对于人事，我们尽了全力，那没有成效怎么办呢？就去接受，把它归为天命。这样的话你也能自我说服，自我动员，克服内耗，不至于最后披头散发、狼狈不堪。

这六戒，是六道至为真诚的醒脑符，值得我们一念再念。在曾国藩宽阔的一生中，对外一味浑含，对内慎独心安。他确立了物来顺应、既往不恋、当下不杂、未来不惧的人生准则，并努力地知行合一。其实，曾国藩就像一面镜子，看向他的时候，我们也总会发现自己的影子。起先，你会对他不屑一顾，抨击他、质疑他，而后便尝试理解他，经年累月后，又会不自觉地模仿他，成为他，甚至超越他。如你所见，便是人生，愿每个人都能在曾国藩的故事里，见到你不轻易放弃、不挫于失败、自信优雅的人生。

[全书完]

寸进：人人可学的曾国藩

作者_侯小强

产品经理_刘洪胜　装帧设计_孙莹　产品总监_黄圆苑
技术编辑_陈皮　责任印制_刘淼　出品人_李静

营销团队_杨喆 刘冰 闫冠宇　物料设计_孙莹

果麦
www.guomai.cn

以 微 小 的 力 量 推 动 文 明

图书在版编目（CIP）数据

寸进：人人可学的曾国藩 / 侯小强著. —— 西安：太白文艺出版社，2024.9（2025.1重印）. —— ISBN 978-7-5513-2610-0

Ⅰ．K827=52

中国国家版本馆CIP数据核字第2024KR0237号

寸进：人人可学的曾国藩
CUN JIN : RENREN KE XUE DE ZENG GUOFAN

著　　者	侯小强
责任编辑	熊　菁　强紫芳
装帧设计	孙　莹
出版发行	太白文艺出版社
经　　销	新华书店
印　　刷	北京盛通印刷股份有限公司
开　　本	880mm×1230mm　1/32
字　　数	135千字
印　　张	7
版　　次	2024年9月第1版
印　　次	2025年1月第5次印刷
印　　数	45,001－50,000
书　　号	ISBN 978-7-5513-2610-0
定　　价	58.00元

版权所有 翻印必究

如有印装质量问题，可寄出版社印制部调换

联系电话：029-81206800

出版社地址：西安市曲江新区登高路1388号（邮编：710061）

营销中心电话：029-87277748　029-87217872